VENTAS 101

Lo que todo vendedor profesional de ÉXITO necesita saber

Zig Ziglar

NASHVILLE DALLAS MÉXICO DF. RÍO DE JANEIRO

Publicado en Nashville, Tennessee, Estados Unidos de América. Grupo Nelson, Inc. es una subsidiaria que pertenece completamente a Thomas Nelson, Inc. Grupo Nelson es una marca registrada de Thomas Nelson, Inc. www.gruponelson.com.

Porciones de este libro fueron publicados anteriormente en *Zig Ziglar Ventas: El manual definitivo para el vendedor profesional.* © 2011 por Grupo Nelson®

Título en inglés: *Selling 101: What Every Successful Sales Professional Needs to Know*
© 2003 por The Zig Ziglar Corporation
Publicado por Thomas Nelson, Inc.

Porciones del libro en inglés fueron publicados anteriormente en *Ziglar on Selling: The Ultimate Handbook for the Complete Sales Professional.* © 1991 por The Zig Ziglar Corporation.

Editora en Jefe: *Graciela Lelli*
Traducción y adaptación del diseño al español: *Ediciones Noufront / www.produccioneditorial.com*

ISBN: 978-1-60255-564-8

Impreso en Estados Unidos de América

Dedicado

a

todos los vendedores profesionales entusiastas y honorables que venden mercancías, productos o servicios que benefician a otros.

Contenido

¿Es este libro para ti? vii

1. Tomaste la decisión correcta 1

2. Habilidades importantes para el profesional de ventas actual 8

3. Encontrar a alguien dispuesto a comprar 15

4. Enfrentar con eficacia la reticencia a vender. 24

5. Vende con un plan, no al azar 35

6. Las preguntas son la respuesta: Análisis de la Necesidad 43

7. Dirigiendo una entrevista cómoda 52

8. Hacer que las luces se enciendan: Mentalización de la Necesidad 62

9. Vender a los problemas de la gente: Solución de la Necesidad 69

10. El ABC del cierre de ventas: Satisfacción de la Necesidad 75

11. Cerrar más ventas más a menudo 80

12. Del «servicio» al cliente a la «satisfacción» del cliente 86

13. Ganar control sobre tu vida y tu tiempo 92

Acerca del autor. 101

¿Es este libro para ti?

Hace muchos años Aristóteles dijo que si tomas dos pesos del mismo material, aquel que fuera más grande de los dos caería más rápido. Durante años esto se enseñó en la Universidad de Pisa. Muchos años después llegó Galileo y dijo que, sencillamente, no era cierto. Cuando su opinión fue desafiada por los estudiantes, se subió a lo alto de la Torre Inclinada de Pisa, dejó caer dos pesos significativamente diferentes en tamaño pero del mismo material, y ambos golpearon el suelo en el mismo preciso momento. Galileo había probado su punto de vista, pero lo que es más interesante, en la Universidad de Pisa siguieron enseñando que el objeto más pesado caería más deprisa. Aquí está el por qué: él había *demostrado* a los estudiantes que tenía razón, pero no les había *convencido*.

La pregunta clave en el mundo de las ventas es: ¿cómo convencer? Respuesta: tú no convences contando, convences respondiendo. Una gran parte de *Ventas 101* está dedicada a contestar preguntas, con énfasis en la escucha de las respuestas. Aquellos que lean la Biblia sabrán (y seas creyente o no la mayoría de la gente lo reconoce) que Cristo era un poderoso convencedor. Te animo a que vayas a una buena librería, compres una edición de la Biblia con letras rojas (porque las palabras de Cristo están impresas en rojo), y la leas. Harás un increíble descubrimiento, concretamente que, cuando la gente le hacía alguna pregunta a Cristo, él les respondía con una pregunta o una parábola: ambas son herramientas de persuasión.

El que ha sido mi mejor amigo (en realidad más que un hermano) durante los últimos treinta y siete años es de fe judía y es de Winnipeg, Canadá. Descubrí esta característica interrogativa en él y una vez le pregunté por qué siempre respondía a una pregunta con otra pregunta. Sonriéndome, dijo: «Bien, ¿por qué no?». Hacer la pregunta correcta y escuchar la respuesta es de gran ayuda para construir las relaciones, lo que es importante para el proceso de persuasión.

El segundo mensaje explícito y subyacente en *Ventas 101* es la importancia de la integridad en el desarrollo de una carrera de ventas. Con la integridad haces lo correcto: eso elimina toda culpa. Con la integridad no tienes nada que temer porque no hay nada que esconder. Ahora, con el miedo y la culpa eliminados, tienes la libertad de ser la persona que Dios creó para que fueras. Digo esto porque estamos entrenados para convencer. Un vendedor sin integridad es tentado a exagerar los beneficios y a persuadir a la gente para que compren productos sobrevalorados que no necesitan ni quieren en realidad. Vender con integridad es el único modo en el que podrás edificar una carrera de largo recorrido con la misma compañía vendiendo el mismo producto a las mismas personas... lo que conlleva estabilidad y seguridad financiera.

Laurel Cutter, vicepresidente de FCB Leber Katz Partners, dice: «Los valores determinan el comportamiento; el comportamiento determina la reputación; la reputación determina la ventaja». Comienza a construir tu reputación de integridad hoy y *¡nos veremos en la cima!*

Zig Ziglar

I

Tomaste la decisión correcta

La actitud siempre es una «jugadora» de tu equipo.

¡Bienvenido a *Ventas 101*! Me gustaría empezar de una manera un tanto inusual. Déjame animarte a dejar la profesión de ventas, si puedes. Sí, lo estás leyendo bien, Zig Ziglar te está animando a abandonar las ventas... si puedes. Estas dos últimas palabras son las más importantes a las que puedes enfrentarte en este punto de tu carrera: *si puedes*. Aquellos que entraron en ventas porque deseaban hacer un poco más de dinero o incluso ayudar a otros son vendedores a «corto plazo». ¡Necesitas entrar a vender porque tu corazón y tu cabeza no te permitirán hacer ninguna otra cosa!

En ventas, serás tratado con rudeza. La gente, en ocasiones, hasta te cerrará la puerta en las narices. Te colgarán sin razón. Algunos te evitarán en las reuniones sociales. Tu familia (e incluso *tú mismo*) cuestionarán tu cordura. Como el humorista y conferenciante Dr. Charles Jarvis dice: «¡Solo porque seas un paranoico no significa que ellos no puedan molestarte!». Sí, la paranoia puede ser un daño colateral de la profesión de ventas.

¿Estás dentro?

Mi buen amigo Walter Hailey es uno de los hombres con más éxito del mundo. Walter es el vendedor por excelencia (¡significa que es bueeeeeeno!) y un ganador que ha empleado su vida en ayudar a otros a ganar.

A pesar del éxito de Walter, tuvo unos comienzos duros en el mundo de las ventas. Se enfrentó a la frustración, la ansiedad, a puertas cerradas, ventas bajas, problemas de estómago, y prácticamente a cada síntoma relacionado con un individuo que se siente inseguro acerca de cómo sobrevivir en el mundo de las ventas. De hecho, se dice que su desánimo era tal que Walter fue a su supervisor y le dijo que lo dejaba, que abandonaba el negocio. A lo que su supervisor respondió: «No puedes».

Walter insistió con terquedad en que se iba. Su supervisor replicó: «Walter, no puedes irte del negocio de los seguros porque en realidad nunca has estado dentro de él».

Walter dijo que las palabras le golpearon como si se le hubiese caído el cielo encima. Al reflejarse en la verdad de lo que su supervisor había dicho, se dio cuenta, probablemente por primera vez en toda su vida, de que *no puedes irte de algo en lo que nunca has estado.* Hay muchas personas que «se suman» a una organización comercial pero nunca están en el negocio de la venta. Por favor, comprende que es posible que hayas estado presentando tu producto o servicio durante años y aun así no hayas estado «en la profesión» de vender.

La falta de dedicación es una razón básica por la cual la profesión de la venta se ha ganado la reputación de tener una alta tasa de abandonos. Afortunadamente, esto está cambiando, y el público rápidamente le está ganando respeto al auténtico profesional de ventas.

MI VIAJE AL ÉXITO EN LAS VENTAS

Siento un profundo amor por la profesión de la venta y por el profesional, una creencia sincera en el valor de nuestra profesión y una sed inextinguible de aprender a ser cada vez más profesional.

Mi carrera en las ventas no comenzó en 1947 con mi primera visita «oficial». En realidad empezó en la infancia, cuando vendía verduras por las calles de Yazoo City, Mississippi. También distribuía periódicos, y tuve la suerte bien temprano en mi carrera de trabajar en una tienda de ultramarinos durante varios años.

En la universidad de Carolina del Sur vendí bocadillos en la residencia por las tardes para pagar mi boda y mi educación. Más tarde me mudé a las ventas directas que incluían participaciones en bonos, seguros de vida, y productos de limpieza para el hogar. Entré en el mundo del crecimiento personal y el desarrollo corporativo en 1964 y he estado entrenando y motivando a vendedores desde entonces.

¡LOS BENEFICIOS SON PARA TI!

Te animo a empezar cada día con esta afirmación: «Hoy voy a ser un vendedor exitoso, y hoy voy a aprender algo que me haga convertirme en un mayor profesional mañana» Si te recuerdas a ti mismo esta idea cada día, ¡entonces montones de beneficios te esperan como vendedor profesional!

INDEPENDENCIA

Uno de los muchos beneficios de nuestra profesión es que realmente tú eres tu propio jefe. Estás en el negocio, como se dice, «para ti, pero no por ti». Cuando te paras delante del espejo cada mañana, puedes mirarte fijamente a los ojos y decir: «¡Dios mío! Eres una persona buena, eficiente, efectiva, trabajadora, y profesional... ¡te mereces un ascenso!» y la junta acaba de reunirse. Añadiría que el ascenso será efectivo tan pronto como quieras.

OPORTUNIDADES

En resumen, con la independencia de ser tu propio jefe viene una tremenda responsabilidad, ¡y esta es la parte emocionante de la profesión! *La oportunidad nace de la independencia, sustentada en una conducta responsable*, y en la profesión de las ventas, tus oportunidades no tienen parangón.

RESOLUCIÓN DE PROBLEMAS

Con la posible excepción de la medicina y el ministerio cristiano, nadie está en tan buena posición para resolver problemas como tú, el persuasor profesional. No hay prácticamente nada en el mundo que traiga tanta satisfacción personal y gratificación como ser capaz de ahorrarle a otra persona una considerable cantidad de tiempo, dinero, frustración, y/o ansiedad gracias a los bienes, productos, o servicios que tienes para ofrecer.

SEGURIDAD

Por supuesto, sería menos honesto si no confesara que el potencial de altos ingresos ofrecidos en la profesión de las ventas es un tremendo aliciente. Tanto el dinero como el ascenso son atractivos para aquellos que están ambiciosamente insatisfechos con la obtención de bajos topes salariales establecidos en su valor y actividades, y para aquellos que están cansados de depender de los antojos de gente incapaz de hacer evaluaciones objetivas de su valor. Pero la seguridad es un trabajo «interior». En las ventas no tienes que esperar a que las cosas pasen; puedes hacer que las cosas pasen. Cuando el negocio va lento, puedes salir y estimular el mercado y ponerlo en acción. Puedes tener mayor control sobre tu vida y tu futuro, ¡y ESO es el sentimiento de seguridad, especialmente para tu familia!

FAMILIA

Mi esposa es una pelirroja decidida, lo cual quiere decir que un día sencillamente «decidió» ser pelirroja, así que cuando hablo sobre ella la llamo «la Pelirroja» (y ella me anima con entusiasmo a hacerlo). Cuando le hablo, la llamo Sugar Baby. Su nombre es Jean.

Desde el comienzo de mi matrimonio con la Pelirroja, a través de la crianza de nuestros hijos —Suzan, Cindy, Julie, y Tom— cada uno ha estado íntimamente involucrado en considerables detalles dentro de cada aspecto de mi carrera de vendedor. Han compartido la emoción, la gloria, los beneficios, la diversión, y sí, las frustraciones y ansiedades que vienen con la profesión. Mi familia ha sido privilegiada al viajar a maravillosas convenciones y ha cosechado los beneficios de compartir el foco de atención cuando los trofeos y los premios se iban ganando. También estaban ahí cuando en un bajón de ventas necesitaba su apoyo y ánimos. En realidad, aquellas ocasiones nos acercaban tanto (si acaso nos acercaban más) como las veces en que las cosas estaban yendo maravillosamente bien.

Sé honesto con la familia. Ellos quieren «sentir» y «ser» una parte de las pruebas y los triunfos. Pueden ser una fuente de fuerza y ánimo y, en el proceso, su propio crecimiento hacia la madurez se perfeccionará. Esta gran profesión nos capacitó a nosotros, como familia, para tener más intereses compartidos, desarrollar más amigos mutuos, y amplió nuestra visión de la vida y del vivir asociándonos con otra gente que estaba emocionada con la venta y los productos y servicios que eran capaces de ofrecer.

ASCENDER

Otro beneficio de ser un profesional de ventas es el ascenso. Los vendedores se trasladan constantemente a los cargos ejecutivos debido a la creciente profundidad y amplitud de las habilidades que deben adquirir. Deben ser tan creativos y abiertos como flexibles de pensamiento. Tienen que llegar con un modo creativo de resolver problemas casi *a la vez* que hacen su presentación y mientras se adaptaban para encajar en las necesidades y deseos del cliente.

Los vendedores también encuentran personas en todos los niveles emocionales —cuando están felices, emocionados, y entusiastas; y cuando están irritados y deprimidos— lo cual es una preparación tremenda para un puesto de ejecutivo. Cuanto más desarrollemos ese «don de gentes», más probable será que nos traslademos a los escalones más altos de la gestión.

Obviamente, los profesionales de ventas también deben saber cómo convencer si van a persuadir a otros a comprar, y esas tareas se transfieren a las sedes corporativas. Hace falta tener la formidable capacidad de animar a los demás a cooperar, trabajar con otros en la organización, y convencerles de que incluso cuando sienten que su idea es la mejor, una vez que la idea ha sido desestimada y se ha aceptado la de otro, el empleado bueno y ambicioso pondrá a un lado sus intereses personales y cooperará por el bien del equipo. Y créanme cuando digo que esta tarea requiere grandes cualidades de persuasión, responsabilidad, y disciplina.

¿ESTÁS CONMIGO?

Si no puedes imaginarte viviendo sin los maravillosos beneficios que nuestra gran profesión ofrece, entonces *¡felicidades!* Has escogido la profesión que tiene el poder de afectar espectacularmente a nuestra sociedad y de otorgarle poder de una manera que otras profesiones no pueden.

2

Habilidades importantes para el profesional de ventas actual

La razón básica por la que he trabajado tan duro para hacer prosperar Ziglar Training Systems como compañía de entrenamiento respetada internacionalmente es que podemos VENDERNOS mutuamente la importancia de piedras fundacionales como la honestidad, el carácter, la integridad, la fe, el amor y la lealtad. Para construir sobre esos fundamentos tenemos que desarrollar habilidades para aprender, escuchar, comunicar, y volvernos fiables y creíbles. Con estas habilidades podemos construir un negocio, una vida, una familia, una amistad y una carrera de ventas profesional mientras marcamos la diferencia con el mundo en que vivimos.

Honestidad e integridad en las ventas

Marcar la diferencia en el mundo depende tanto de la honestidad como de la integridad. Ser ético no es únicamente el modo correcto de vivir; es también el modo más práctico de hacerlo. ¡El auténtico profesional de ventas no habla de ética, VIVE éticamente!

INTEGRIDAD, HONESTIDAD Y ÉTICA COMPENSAN

Cuando Robert Davis era un destacado vendedor y supervisor de ventas en el Control de Plagas Terminix de Baton Rouge, Luisiana, si le preguntabas a qué se dedicaba, él simplemente respondía: «Mato insectos». Su saludable autoestima y su fe en los servicios de su compañía le permitían lucirse personal y profesionalmente.

En un momento de su carrera con Terminix, Robert tuvo un nuevo vendedor con un poco de exceso de entusiasmo. Un viernes por la noche un cliente llamó con un problema serio. Las abejas abarrotaban su casa y molestaban a la familia. Robert le asignó a este nuevo hombre aquella tarea aparentemente simple, y cuando el vendedor se dirigía a la puerta, se dio la vuelta y dijo: «¿Alguien ha vendido alguna vez un "trabajo con abejas" por 200 dólares?». Los demás sonrieron ante su «fanfarronada» y dijeron que no.

Cuando el hombre regresó en menos de treinta minutos con un cheque de 225 dólares, todo el mundo se quedó bastante asombrado. El teléfono interrumpió la emoción más grande que jamás había generado traer un cheque por un «trabajo con abejas». Robert respondió; el hombre que había firmado el cheque estaba al otro lado del teléfono.

—Solo quería agradecerles que respondieran tan rápido y se hicieran cargo de mi problema —empezó a decir el hombre—, esas abejas eran una verdadera preocupación, y su hombre hizo muy bien el trabajo. Pero me estaba preguntando —continuó—, si 225 dólares era lo normal en un trabajo de quince minutos.

—¿Va a estar en casa dentro de un rato? —fue la respuesta inmediata de Robert.

Cuando obtuvo una respuesta afirmativa, Robert se marchó con el vendedor y el cheque en el coche. Cuando llegaron a casa del hombre, Robert se dirigió a él y le dijo:

—Señor, me temo que nos hemos excedido en nuestro entusiasmo. Puesto que no le expliqué claramente los parámetros de este trabajo y cómo debía ser cobrados a nuestro nuevo vendedor, le hemos cobrado demasiado. —Nótese que no intentó avergonzar al vendedor, aunque de hecho sí le había explicado exactamente cómo hacerlo y le había dicho que como mucho era un trabajo de 125 dólares—. Así que esto corre por nuestra cuenta.

Dicho esto, le tendió al hombre su cheque.

—Bueno, es muy amable por su parte —dijo el hombre—, pero también tengo problemas con cucarachas y hormigas. ¿Puede hacer eso por mí sin recargo, también?

Todos se rieron, incluso cuando Robert redactó el contrato por los 300 dólares resultado de su ética, integridad y honestidad. Si hubiera conservado el cheque por el trabajo «récord» (e injusto) con las abejas, habrían tenido un cliente que se habría preguntado si le habían «timado». Al devolver el dinero y hacer lo correcto, la compañía de Robert fue recompensada con una venta mayor *y además* un cliente de por vida.

Cuando eres honesto y ético y vives con integridad, las recompensas están garantizadas. Quizá no lleguen tan rápido como lo hicieron con Robert Davis pero, del mismo modo que poner dinero en el banco garantiza una devolución, demostrar honestidad, integridad y un comportamiento ético le garantiza una restitución positiva a tu carrera.

CONFIANZA

Lo único que los clientes han puntuado alto *siempre* en el mundo de las ventas es la *confianza*, reflejo directo de la integridad del individuo. La razón básica por la que la gente decidirá *no* comprarte es cuestión de *confianza*. Cuando haces una promesa seria al cliente, o una «charla informal» incluye una promesa, el cliente las asume como el evangelio. Esto es especialmente cierto si hay alguna dificultad durante el proceso de venta e incluso tras la venta. Si la persona tienen algún problema en alguna fase de la relación o en el uso del producto, existe la clara posibilidad de que alguna «falta de seguimiento» lleve a algo desproporcionado. Incluso las cosas más pequeñas se convierten en una «cuestión de estado».

ESCUCHAR

Todo profesional de ventas con éxito utiliza hasta el máximo sus habilidades para escuchar. En mi carrera, hasta hoy, nunca he oído de nadie que pierda una venta por culpa de escuchar las necesidades del cliente, sus ambiciones y sus deseos. Curiosamente, la mayoría de los vendedores conocen las necesidades de sus clientes, y así están en la mejor posición para suplirlas.

Escuchar *no* es tan difícil como creemos. Cuando *no estamos* hablando o *preparándonos* para hablar, podemos escuchar. Hay muchos pasos e incluso cursos de varias semanas de duración para desarrollar la habilidad de escuchar; sin embargo, para lo que necesitamos aquí podemos emplear el viejo dicho: «Hablar es compartir, pero escuchar es comprender».

RECIPROCIDAD

Cuando «escuchamos» atentamente a los complicados intereses, deseos, aficiones, y demás pensamientos de los clientes, les ponemos en deuda con nosotros. Ellos sienten de que nos «deben» algo, y consecuentemente, están más dispuestos a «escuchar» nuestra historia puesto que hemos tenido la cortesía de haberles escuchado.

EJEMPLOS DE COMUNICACIÓN

La mayoría de la gente quiere escuchar a la misma velocidad a la que habla, de modo que siempre que sea posible ajusta los patrones de tu discurso para aproximarte a los del cliente. Algunas excepciones a esta norma son las siguientes:

1. El cliente «pierde la calma» y se vuelve zafio y ofensivo. Cuando la rabia entra en escena, baja tu voz y ralentiza tu fluidez verbal.

2. El cliente usa un lenguaje grosero o blasfemo. Mantén tu lenguaje limpio y profesional. Ahí tienes una gran oportunidad para que el cliente te juzgue con un criterio mucho

más elevado del que él se atribuye a sí mismo. Cuanto mayor sea el nivel de dignidad moral e integridad, tanto mayor el nivel de confianza y respeto. A mayor nivel de confianza y respeto, mejores serán tus oportunidades de cerrar la venta.

3. El cliente habla tan bajo que tienes que esforzarte por escuchar cada palabra. Mantén tu voz en un volumen cómodo que puedas asegurar que estás siendo escuchado. El cliente no se esforzará tanto para entenderte como tú lo harás por él.

4. El cliente habla tan terriblemente lento o tan increíblemente rápido que si le imitas el aturdimiento será obvio. Debes hacer algún ajuste con el patrón de discurso del cliente.

5. Nunca te acomodes a acentos, fallos gramaticales, jergas, o defectos del habla.

FIABILIDAD Y CREDIBILIDAD

Sheila West, autora de *Beyond Chaos* [Más allá del caos], me ayudó a entender la perspectiva de la mujer en las ventas cuando dijo: «La parte más difícil para una mujer en las ventas (o en cualquier otro campo) es ganar credibilidad. Para las mujeres es imposible lograrlo sin fiabilidad. Por lo tanto, aquellas que no tienen esto presente son eliminadas de la competencia con rapidez. En otras palabras, su fiabilidad les da credibilidad, y la credibilidad conlleva confianza, ¡y con la confianza viene el éxito!». Esta lección es importante tanto para los hombres como para las mujeres en la profesión de las ventas.

El profesional de ventas actual

El profesional de ventas actual sabe que la felicidad no es placer, sino victoria; que cuando haces lo que necesitas hacer cuando hay que hacerlo, al final serás capaz de hacer lo que *quieres* hacer cuando quieres hacerlo. Y lo más importante, el profesional de ventas exitoso *conoce* y *entiende* el credo de las ventas: *¡Solo puedes tener todo lo que quieras en la vida si ayudas a otros a conseguir lo que ellos quieren!*

3

ENCONTRAR A ALGUIEN DISPUESTO A COMPRAR

El consenso entre los vendedores distinguidos y los entrenadores es casi unánime: ¡el cliente es la clave más importante del éxito en las ventas! Es tan cierto como que un viaje de mil leguas comienza con un sencillo paso, y es igualmente cierto que hasta que no tengas clientes no tienes la oportunidad de cerrar una venta.

Alguien comentó una vez en tono de burla: «El único problema de cerrar una venta es el hecho de que acabas perdiendo a tu mejor cliente potencial». Obviamente esto es así, pero cuando reemplazas a ese cliente potencial por algunos otros más, ganas el doble.

¿QUÉ?

¿Qué es un cliente? Es un individuo o un grupo capaz de tomar la decisión sobre el producto o el servicio que el comercial está vendiendo. Hay una diferencia básica entre un «cliente potencial» y un «cliente interesado». Un «cliente interesado» es el nombre del que *podría* ser un cliente potencial, así que el nombre ofrece esperanzas. Pero a menos que la esperanza tenga una base sólida, solo tienes un cliente interesado. Un «cliente potencial» tiene necesitad del producto, un posible deseo de poseerlo y la capacidad financiera de llevar a cabo la decisión. Tú «gastas» tiempo con los clientes interesados, pero «inviertes» tiempo con los clientes potenciales.

¿Cuándo?

A la pregunta: «¿Cuándo es la gente un cliente potencial?», la respuesta es: *¡todo el tiempo!* Hacer clientes no es una tarea de ocho a cinco. Los clientes, cuando se actúa con gracia, pueden hacerse prácticamente en cualquier ambiente: en situaciones sociales, en un avión, en un aeropuerto, en el comedor de un club social, o *donde sea que la gente esté presente.*

Te animo a recordar tu BCS (que significa «Busca Clientes Siempre»). Sal del círculo en que estás regularmente y empieza otro círculo u otra cadena. Usa todos tus recursos para mantener esa lista de clientes potenciales tan larga y diversa que tu carrera no dependa de un solo individuo o un grupo específico de individuos.

¿Cómo?

La mejor manera de hacer clientes es demostrar un genuino interés en la otra persona, lo cual nos devuelve a un punto de sobra conocido. Cuando eres el tipo correcto de persona, tus oportunidades de volverte un vendedor efectivo son mucho, mucho mejores. Esto es lo que quiero decir. Mi madre y mi esposa se rebelarían ante la idea de que ellas podrían ser vendedoras de éxito aunque nunca hayan «vendido oficialmente» ningún bien, producto, o servicio. Sin embargo, las dos serían excelentes porque son las mayores «hacedoras de amigos» naturales que jamás he visto.

Mi madre podía subir a un autobús para un viaje, y en el tiempo en que tardase en llegar a su destino habría hecho una amistad duradera con la persona sentada a su lado. Se escribirían durante años. Ella tenía un *interés genuino* y *una preocupación auténtica* por los demás. Lo mismo puede decirse de la Pelirroja. Cuando embarcamos en un avión o, incluso mientras esperamos en la cola del aeropuerto o en un hotel para registrarnos, hay muchas posibilidades de que *algo* vaya a pasar: la puerta del diálogo se abrirá y treinta segundos después la Pelirroja se verá involucrada en una conversación que te llevaría a creer que realmente existía una amistad de toda la vida. Y yo quedo fascinado y asombrado del modo en que ocurre.

¿QUIÉN?

¿Puedo hacerte unas cuantas preguntas? ¿Con quién te comunicas más a menudo? ¿Con quién te comunicas de manera más eficaz? ¿Por qué pasas tanto tiempo vendiendo a cualquiera salvo a la gente a la que mejor conoces?

La primera vez que me hice esa pregunta estuve dándole vueltas a una respuesta. Después de pensarlo bien, reaccioné diciendo: «Bueno, no quisiera que mis amigos y mi familia pensaran que les estoy avasallando con mi producto».

La pregunta que tuve que hacerme entonces, y la que tú deberías responder ahora, es esta: «Si piensas que tu producto es lo suficientemente bueno para un extraño, ¿Por qué no es lo suficientemente bueno para tus amigos y tu familia?».

Si lo que estás vendiendo no es suficientemente bueno para tus amigos y tu familia, ¿entonces por qué lo vendes? Si es bueno, ¿entonces por qué habrías de apartarlo de aquellos por los que más te preocupas? Entiendo que haya organizaciones que te inciten a vender a amigos y conocidos y entonces te dejan, como se suele decir, «en la estacada». Pero eres lo suficientemente maduro para saber (o no deberías estar leyendo este libro si no) que no vas a vender para este tipo de organizaciones.

¿QUÉ DEBERÍA HACER?

Muchos que consideran las ventas como su profesión me escriben y me preguntan cómo pueden estar seguros de que están en el campo correcto. La respuesta se descubre en el área de nuestra familia y amigos. ¿Qué producto o servicio te gustaría ofrecer a tus padres, hermanos y hermanas, amigos, conocidos, y otros con los que estás en contacto? Animo enérgicamente a los que trabajan en el mundo de las ventas a que traten con un producto o servicio... *¡del que no puedan dejar de hablar!*

Quizá debas recordar a tus amigos y familiares que estás ofreciéndoles tu producto o servicio porque sinceramente crees que sus intereses estarán mejor cubiertos al comprarlo. Debe hacerse con tacto, pero la clave es tu convicción de que realmente estás ofreciendo algo que fortalecerá la amistad o la relación debido al valor de tu oferta. Sin embargo, no esperes que compren (y no les permitirías que comprasen) sencillamente porque son tus amigos y quieren «ayudarte».

No construyes una carrera de este modo, ya que así *asesinas* amistades.

Una ventaja adicional de ofrecer tus servicios a amigos cercanos y conocidos es que ellos tendrán un serio interés en tu éxito y estarán encantados de abrirte las puertas de los mejores clientes posibles.

INSTRUCCIONES ESPECÍFICAS

¿Cómo pides referencias de clientes? Intenta seguir estos pasos:

PASO UNO

Los profesionales les han preguntado a sus clientes durante años: «Sr. Smith, si su mejor amigo estuviese aquí en este momento, ¿me lo presentaría?». Las probabilidades son de cuatrocientas frente a una de que la respuesta sea sí. «Entonces, Sr. Smith, déjeme hacer esto: ¿por qué no me presenta a un buen amigo suyo que tenga necesidad de nuestro producto dándome su nombre y un poco de información sobre él?». Acabas de dar el primer paso para desarrollar un eje de influencia.

PASO DOS

Si la persona que es tu eje de influencia está totalmente convencida de lo que haces y se ha beneficiado de tus servicios, pregúntale si te presentaría a su amigo por vía telefónica. Una buena alternativa al teléfono es una breve nota diciendo algo así como «John, mi amigo Bill tiene algo que te va a ayudar».

PASO TRES

Mi experiencia personal me dice que cuando estoy buscando clientes, nunca debo dejar muchas tarjetas de presentación (tarjetas de información con espacio para el nombre, dirección, etc.) delante del cliente y pedir nombres. Muchas veces el cliente se bloquea mentalmente. Comienza siempre preguntando por un cliente, y *escribe* el nombre de esa persona en una tarjeta. En ese momento no intentes obtener ninguna información sobre ese cliente particular. Ve a por el segundo, el tercero, el cuarto, y el quinto nombre. Cuando el «referente» aparentemente se ha quedado agotado, vuelve al nombre del cliente número uno y pide la información básica sobre su dirección, empleo, número de teléfono, responsabilidades, intereses generales y actividades.

PASO CUATRO

En la búsqueda de clientes recuerda que a menudo todos necesitamos ejercitar un poco la memoria. Puedes llevarlo a cabo haciendo unas cuantas preguntas: «¿Con quién juega usted a los naipes, corre, trabaja, va a reuniones sociales o a la iglesia? ¿Quiénes son sus vecinos, colegas, etc.?».

PASO CINCO

Una vez que tienes a tus clientes potenciales, pregunta a tu «referente» a qué personas deberías llamar primero, y trabaja con el cliente para establecer una lista de prioritarios con tus nombres. También obtendrás algo de información «clasificadora» (conocimientos sobre la capacidad del cliente potencial para comprar). Recuerda informar a tus «referentes» y hacerles llegar los resultados de tus llamadas. Mantener clientes satisfechos e informados es una buena relación pública y una buena venta, y crea buenas sensaciones. Y, lo que es más importante, fortalece tu relación con tu cliente y mantiene la puerta y su mente abiertas para conseguirte más clientes potenciales.

DÓNDE ENCONTRAR CLIENTES

Supón que eres nuevo en esto. Te hiciste con este libro y tu kit de iniciación en el mismo día, y no tienes un Cliente Número Uno. ¿Por dónde empiezas? Respuesta: ¡empiezas por abrir los ojos y *observar* todo lo que te rodea! Te darás cuenta de que en tu oficina hay archivos de clientes con los que puedes empezar a trabajar. Hay muchas posibilidades de que tu entrenador y tu compañía estén deseando ansiosos compartir esta información contigo para que puedas empezar a trabajar con esos contactos en el concepto de servicios y referencias como punto de partida.

Tanto el principiante como el experimentado, el vendedor profesional usa una técnica conocida como «vistazo de ojo de águila». Llevando una grabadora mientras conduces, puedes «observar» posibles clientes. Vallas publicitarias, escaparates, propaganda... todo aquello que parezca un cliente legítimo puede ser recordado. Más tarde puedes buscar detalles (direcciones, números de teléfono, etc.).

Hay fuentes de referencia como Dun & Bradstreet que proveen de datos sobre los negocios principales, nombres de los directivos, número de empleados y el volumen aproximado de negocio. Para más información, acude a Zapdata.com.

En la biblioteca tienen un libro de consulta llamado *Contacts Influential: Commerce and Industry Directory* [Contactos influyentes: Directorio de Comercio e Industria], que contendrá listados de negocios de un sector concreto por nombre, tipo de negocio, personal clave, etc. Si vas por los negocios de uno en uno, tendrás la ventaja de conocer el nombre de cada negocio en esa calle, además del nombre de la máxima jerarquía en operaciones.

La Cámara de Comercio y la Better Business Bureau también tienen recursos con información pertinente. Si trabajas desde casa puedes obtener información de muchas compañías de luz y energía sobre los nuevos servicios que han instalado. Los anuncios en periódicos te pueden proporcionar clientes si los examinas con cuidado. Los nuevos nacimientos indican una necesidad de productos para bebés y seguros adicionales. Los compromisos de boda son puertas abiertas para servicios de boda, vestuario, mobiliario, seguros, viajes y alojamientos en hoteles o moteles para el evento que viene. Los ascensos de ejecutivos pueden significar clientes para casas más grandes, armarios más anchos, membresías en clubes, fondos de inversión, automóviles, ordenadores, y muchos otros artículos. Las posibilidades solo están limitadas por tu imaginación... y tu capacidad de observación.

INDUSTRIAS RELACIONADAS

Recuerda que las industrias relacionadas pueden ser compañeras y posibles clientes *para* los productos que vendes.

Es una relación que se puede establecer de forma natural y que puede ser ventajosa para ambos para crear un equipo de marketing, supliéndose mutuamente con clientes.

Uno de mis asociados de sistemas de comunicaciones empezó a hacer contactos con otra persona que también vendía comunicaciones pero ofrecía un servicio completamente diferente. Eran un gran complemento el uno con el otro... sin importar quién viera primero al cliente.

PISTAS DE GRAN AYUDA PARA ENCONTRAR CLIENTES

¿Cuánto esperas antes de ir a ver a un nuevo cliente potencial? Hay algo digno de mencionar en la psicología de un cliente nuevo, especialmente si te ha llegado a través de otro cliente entusiasta. Te animo a ir con la mayor rapidez a ver a ese individuo. Dentro de una semana no estarás tan entusiasmado con el cliente. Aunque las necesidades del cliente no hayan cambiado y él no tenga ni pizca de idea de que está incluido en tu lista, el hecho es que estarás menos entusiasmado con él, lo que significa que serás menos efectivo en tu presentación.

CONCLUSIÓN

Ahora que ya sabes cómo encontrar a esos «compradores deseosos», ¿qué es lo que vas a hacer? Si has dicho «ponerte en contacto», has respondido correctamente. Sin embargo, algunos son incapaces de pasar a la acción. El siguiente capítulo acerca de cómo superar la reticencia en la venta te ayudará a continuar a través de tus «buenas intenciones».

4

Enfrentar con eficacia la reticencia a vender

Pocos de los que llevan con orgullo la profesión de vendedores evitan la ansiedad y los sentimientos de emoción que acompañan al primer contacto con el cliente. Pero la buena noticia es que *tú* puedes entrar en el grupo de triunfadores que superan la reticencia en las ventas usando ese sentimiento de ansiedad para que trabaje *por* ti en lugar de contra ti. Como acostumbran a decir mis amigos de Toastmasters International, una excepcional asociación de oradores: «No puedes deshacerte de las polillas, pero puedes conseguir que vuelen en formación».

De hecho, si no sientes ninguna ansiedad al establecer el primer contacto, tus oportunidades de éxito se verán enormemente disminuidas. Cuando está sano y funciona correctamente, el cuerpo humano está equipado con un sistema endocrinológico que satisface toda necesidad química para tener éxito en la vida. Cuando tenemos ansiedad, la glándula pituitaria segrega adrenalina, que incrementa nuestra capacidad mental y física. Comprender que tu ansiedad es un factor positivo, y no negativo, te permite concentrarte en el factor más importante en la reticencia ante el primer contacto: *¡tú!*

Según los expertos en ventas, el 84 por ciento de los vendedores sienten en algún grado reticencia a establecer el primer contacto. Este miedo se manifiesta de muchas maneras, pero la *indecisión* es el indicativo número uno de que está surgiendo un problema. Cuando el vendedor crea tareas sin importancia que deberían estar hechas antes de ir a enfrentarse con el público, la reticencia frente al primer contacto está establecida.

En muchas maneras, el miedo de enfrentarse al público tiene mucho que ver con la imagen propia. Hasta que el vendedor aprenda a no mirar «por encima» o «desde abajo» a otra persona, el miedo prevalecerá. En lo que respecta a tu producto o servicio, *tú eres el experto.* Tú tienes más experiencia, más conocimientos, y mayor pericia que cualquier cliente que puedas tener en tu zona. La presentación mediocre es el orden del día hasta que el vendedor se convierte en un profesional de ventas al darse cuenta de que cada individuo tiene sus puntos fuertes.

CONSTRUIR CONFIANZA

Una de las mejores maneras de reconocer tus puntos fuertes es revisar en tu «reproductor» mental las grabaciones de las veces en que has obtenido un éxito. Todo el mundo necesita esta «retroalimentación de logros». Regresa a cada una de esas experiencias exitosas: una gran venta; una actuación decisiva en la orquesta, la banda, o en algún deporte; aquella vez en que tú y tu familia experimentaron amor y unidad; un evento en que fuiste reconocido por tu actuación excepcional. La próxima vez que sientas que las dudas acerca de ti entra a hurtadillas, rebobina esa cinta vívida y positiva.

Después, reconoce que no importa cómo de exitoso, acaudalado o poderoso pueda ser tu cliente, esa persona comete errores como tú y como yo. Nadie ha sido cien por cien exitoso en la vida. Como norma general, mi experiencia es que cuanto más éxito tiene una persona, más obstáculos, errores, y daños ha tenido que superar. Cuando te das cuenta de que el cliente es humano, eres menos propenso a sentirte intimidado.

LA ATENCIÓN ADECUADA

El segundo modo de paliar la ansiedad es entender que *vender es una transferencia de sentimientos.* Después de aprender a centrarte en *ti* de modo que puedas mejorar tu concepto de ti mismo de una manera positiva, tienes que reconocer que el vendedor profesional más exitoso establece el primer contacto teniendo al *cliente potencial* en el centro de su atención. El dinero puede ser un factor motivador (y necesario) —después de todo, si no prosperas financieramente, no te quedas en el negocio— pero cuando en ventas vas estrictamente por el dinero, dejarás ese contacto sin la venta más que a menudo.

Cuando centras la atención *solo* en el dinero, o si estás en la posición financiera de *tener* que hacer la venta, instintivamente presionarás demasiado o te volverás demasiado consciente de tu necesidad, poniendo demasiada presión sobre ti e incrementando tu sentimiento de ansiedad.

Los profesionales de venta exitosos establecen el contacto para beneficio del cliente *y* para su ganancia personal... *en ese orden.* Como ves, *puedes tener todo lo que quieras en la vida si ayudas a otros a conseguir lo que ellos quieren.* Tener presente esta idea es el tercer paso en la superación de la ansiedad.

TERROR AL TELÉFONO

El vendedor *competente* en el uso y comprensión del teléfono que está *seguro* de tener esa capacidad será mucho más efectivo que aquel que está «temeroso» del teléfono.

Una de las mayores causas del miedo al teléfono es equivocarse al poner un objetivo para la llamada. ¿Vas a hacer un estudio de mercado, concertar una cita, u obtener una venta? Hasta que no tengas esa imagen clara en mente, tu *buena disposición* para «sonreír y marcar» se verá seriamente limitada. Por favor, no dejes pasar este punto aparentemente simple pero significativo: *¡determina por qué estás realizando la llamada!*

En todos mis años en las ventas, no recuerdo haber esperado nunca con emoción lo que muchos vendedores han venido a denominar «la llamada fría». Sin embargo, sabía que una vez pillara el ritmo e hiciera un montón de contactos, me acercaría más y más a la venta. Con esto en mente, no me preocupé en otro pensamiento que en realizar esa llamada. Me fijé un momento para empezar, y en ese preciso momento empecé.

LA MEJOR HORA PARA LLAMAR

Un consejo que quizá encuentres útil cuando tienes serias dificultades para localizar a tu contacto es hacer tus llamadas temprano por la mañana. (Obviamente, esta sugerencia está hecha únicamente para llamadas de oficina. Hacer llamadas de negocio a personas a casa temprano por la mañana es un modo perfecto de perder una venta). En ocasiones, los que toman las decisiones responden al teléfono a las 6:30, 7:00 o 7:30 de la mañana. Sus niveles de energía están altos y, por lo general, están más amables y predispuestos a escuchar. Al mismo tiempo, respetan —e incluso admiran— a alguien con una ética laboral similar a la que ellos tienen.

En ocasiones encontrarás a una persona que responderá a la pregunta: «¿Tiene unos minutos para hablar?» con un: «En realidad no, pero adelante y cuénteme lo que tenga en la cabeza». Te aconsejo que no te precipites hacia la presentación porque probablemente tendrás que hacerlo deprisa y dejarás algunos detalles relevantes en el camino. Esto lleva a una decisión repentina, y en muchos casos no es lo que quieres. Te animo a que programes una cita para más tarde para llamar de nuevo. Lo que tienes que decir sobre tu producto puede ser demasiado importante para ti como para dar una información incompleta que quizá no prepare adecuadamente a tu cliente para tomar una decisión.

Acompañando esta misma línea, si oyes un montón de papel revolviéndose mientras estás en el proceso de hacer una presentación, o si hay demasiado ruido de fondo, obviamente el cliente potencial no te está prestando toda su atención. Sé sensible a lo que tu cliente dice y a lo que *no* dice. Los primeros segundos al teléfono prepararán el escenario, el modo, y la atmósfera de la presentación, por lo que traza un plan.

PREPARADO PARA TRIUNFAR SOBRE EL TELÉFONO

Incluso si trabajas desde casa o en un sitio donde sabes que no serás visto por nadie, ¿estás vestido adecuadamente? ¿Te has duchado esta mañana? ¿Te has afeitado? ¿Te maquillaste? En resumen, ¿te has vestido en realidad físicamente para la llamada? Existen pruebas más que evidentes de que para tener una mente preparada debes estar preparado físicamente. Eso producirá una diferencia en la expresión de tu rostro y en la expectativa de tu mente, y habrá una diferencia en tu voz.

¿Te has dado a ti mismo una buena charla sobre las ventas? ¿Te has recordado que eres un ganador, que estás en una misión importante, que mientras marcas los teléfonos de la gente ellos esperarán con avidez tu llamada? ¿Les has visualizado respondiendo favorablemente a lo que vas a decir? Cuando hagas todo esto, tus resultados serán espectacularmente mejores.

LAS LLAMADAS EXITOSAS REQUIEREN UN PLAN Y PREPARACIÓN

Para ser el ganador que puedes llegar a ser, tienes que *planear* ganar; debes *prepararte* para ganar; y entonces tienes todo el derecho a *esperar* ganar.

¿Te has dado cuenta alguna vez de lo bien que te sientes contigo mismo cuando tienes un plan de acción? Debes recordar que el deseo de ganar no es nada sin la voluntad de prepararse para ganar. ¿Cuáles son tus planes para el día, la semana, el mes, el año, tu carrera? Nunca me he encontrado con un vendedor que no quisiera vender más con menos tiempo y esfuerzo. Vender más es posible solo cuando el esfuerzo extra se invierte en el área de la preparación.

La preparación y el entrenamiento incluyen tomar la información que recibes de una fuente externa y adaptarla para que encaje en tu situación, aprendiéndola tan rigurosamente que se haga tuya, y aplicando entonces esos procedimientos y técnicas sobre el terreno. Prepararse para el día también puede incluir leer algún libro como este (o cualquier otro) o escuchar parte de una grabación o seminario de entrenamiento sobre ventas.

Una investigación del doctor en Medicina Forest Tennant muestra que dosis regulares de motivación incrementan tu éxito. El doctor Tennant, uno de los mayores expertos en fármacos del mundo, ha sido asesor de la NFL, NASCAR, Los Angeles Dodgers, Abbott Laboratories, Texaco, y muchos otros.

El doctor Tennant asistió a un seminario que yo presenté en Anaheim, California. Antes de que yo empezara a hablar él tomó muestras de sangre de cinco personas de la audiencia. Cuando acabó el seminario cuatro horas más tarde, volvió a tomar muestras de sangre de esas mismas personas. El nivel de endorfina y cortisol había aumentado un 300 por ciento. Desde entonces, el doctor Tennant ha realizado más experimentos y ha hecho estos fascinantes descubrimientos:

> Existe una base bioquímica acerca de por qué la gente se siente bien tras estas charlas. Hay algo en oír hablar sobre el éxito que nos aporta una carga emocional que

desata esos químicos en el torrente sanguíneo y hace que las funciones corporales mejoren. Y aunque estos efectos no perduran más que unas pocas horas, las dosis regulares de motivación nos llevan a una mejor salud, felicidad, y rendimiento.

Cuando tu energía y confianza están altas, la tendencia natural a no establecer contacto con la gente de alto nivel adquisitivo y elevado prestigio va disminuyendo gradualmente hasta que desaparece por completo. ¡Sal y establece los hábitos que te permitirán mantener la actitud adecuada para la vida saludable y exitosa que deseas vivir!

LA CLAVE PARA SUPERAR LA RETICENCIA AL PRIMER CONTACTO

He reservado para el final el consejo más básico en la superación de la reticencia al primer contacto. Lo que sigue viene a ser lo más cercano a una «cosa segura» que la mayoría de los comerciales hayan experimentado alguna vez.

Antes de empezar mi carrera oficial como vendedor, tener un horario específico no era un problema. Pero cuando empecé a trabajar de vendedor a tiempo completo, me mudé a ochenta kilómetros del resto de la compañía. Mi único contacto con mi supervisor era en la reunión de ventas del lunes por la mañana y en esporádicas llamadas por teléfono. En esencia, ¡*todo* estaba en mis manos! Realmente disfrutaba de mi libertad. *Ninguna* hora fija para ir a trabajar, *ninguna* hora para terminar, *ninguna* orden por medio. El único problema con eso era que... ¡tampoco había *ninguna* venta y *ningún* dinero! Mis mayores problemas eran la organización y la disciplina.

En aquellos primeros años también sufría un serio problema con mi imagen y me lo tomaba como algo bastante personal cuando alguien rehusaba dejarme hacer mi presentación. Aquel rechazo personal, que era lo que yo interpretaba en la resistencia del cliente, significaba que yo entonces pasaría un tiempo repensando mi situación y dudando entre hacer pucheros, meditar, tener «autocompasión» y planear qué hacer a continuación. Pon todas estas ideas equivocadas juntas y tendrás una combinación terrible de indecisión y aversión al primer contacto.

¡Cuánto hubiera deseado que alguien me explicase que cuando la gente rehúsa dejarme hacer mi presentación, o se gira ante mi maravillosa oferta, no me está rechazando! En sus mentes yo era una simple *negativa comercial.* Los clientes no tenían interés en mi oferta o no poseían el capital financiero suficiente para hacer la compra. Habrían dicho que no a cualquiera.

En aquel momento también necesitaba que alguien me explicara la importancia de una agenda. Después de dos años y medio en el mundo de la venta profesional, el señor P. C. Merrell entró en mi vida. El señor Merrell había desarrollado nuestros programas de entrenamiento y había fijado muchos de los récords de ventas. Era un maravilloso modelo. En pocas palabras, el señor Merrell me persuadió de que realmente yo tenía habilidad y valor. Me convenció de que podía, de hecho, ser el campeón nacional. También me convenció de que para darme cuenta de mi potencial y estabilizar mi producción necesitaba *creer en mí mismo y seguir un programa organizado seguido de una actitud disciplinada.*

Específicamente, me sugirió que a pesar de la hora en que finalizara mi trabajo por la noche, debía hacer conmigo mismo el pacto de contactar siempre con mi primer cliente a la misma hora precisa el día siguiente. Hizo énfasis en que realmente no había mucha diferencia (salvo limitaciones razonables) en la hora exacta a la que lo hiciera, pero que debía cumplir con esa obligación sin importar los pequeños «obstáculos» o «interrupciones» que se presentaran. Reconozco que esto suena muy simple, pero es exactamente de lo que va el éxito en la vida y el éxito en las ventas: de hacer las cosas pequeñas que marcan la gran diferencia. Para los vendedores que están lejos de la supervisión directa de la administración, una de las mayores razones del fracaso es fallar a la hora de empezar el trabajo a una hora regular todos los días. Organización, disciplina, y responsabilidad conllevan un alto y consistente volumen de producción.

Si no has sacado nada de este capítulo (o quizá de este libro), te ruego que me prestes atención en este punto clave. Uno de las formas más importantes de sobrevivir a la reticencia al primer contacto es esta: *¡Sigue una agenda regular y haz un pacto contigo mismo para contactar con el primer cliente a la misma hora todos los días!*

Haz el pacto, y cuando llegue la hora ve de cabeza por ese teléfono o ese cliente. Cuando hago este ajuste, ¡los resultados en las ventas son espectaculares! Hay una razón simple aunque profundamente psicológica: *¡La lógica no cambiará una emoción, pero sí lo hará una acción!* La reticencia al primer contacto es una emoción, y no se superará con la lógica. Emprende la acción, apoya la acción con lógica, ¡y el éxito en las ventas seguro que será tuyo!

5

Vende con un plan, no al azar

No basta con pararse delante de un cliente con un folleto y decir: «Deténgame cuando vea algo que le guste». Puedes lograr alguna venta ocasional con este método, pero no ganarte la vida... y ciertamente tampoco construir una carrera.

El mercado actual tiene una «inteligencia mercantilista» mucho más desarrollada que en cualquier otra época en la historia del mundo. El dinosaurio se ha extinguido, y por lo tanto también las esperanzas de progreso de todo vendedor de esos que llevan un traje de cuadros, que dan palmadas en la espalda, parlotean rápidamente, cuentan chistes constantes, que presionan al cliente; uno de esos comerciales del tipo tengo-una-oferta-para-usted.

El convencedor de éxito actual debe tener un plan específico de acción que trascienda la línea del producto y las diferentes situaciones.

La fórmula de los cuatro pasos

El proceso para el plan de ventas del Sistema de Aprendizaje Ziglar consta de una fórmula en cuatro pasos. El primer paso es el Análisis de la Necesidad, el segundo es la

Mentalización de la Necesidad, el tercero, Solución de la Necesidad, y finalmente, Satisfacción de la Necesidad. El tiempo invertido en cada paso puede variar, pero si vas a tener éxito en las ventas, estarás relacionado de alguna forma con cada uno de estos pasos.

PASO UNO: ANÁLISIS DE LA NECESIDAD

La venta enfocada en el usuario (lo que quiere) y orientada a su necesidad (lo que necesita) comienza con el profesional en ventas realizando un Análisis de la Necesidad. Incluso aunque los clientes vengan a ti y pidan tu producto o servicio, es totalmente posible que no hayan identificado del todo lo que realmente están buscando.

En un Análisis de la Necesidad, el objetivo es radiografiar al cliente. El profesional de ventas desarrolla las habilidades y talentos necesarios para mirar dentro del cliente y encontrar su necesidad: revelar las necesidades existentes. Esas necesidades pueden estar en la superficie o bien bajo ella, pero con toda seguridad existen. Tu deber (y oportunidad) como un profesional de ventas es sacar esas necesidades al exterior.

A medida que buscas necesidades, los «deseos» aparecerán. No cometas el error de infravalorar esos deseos como frivolidades, porque los clientes emprenden la acción desde sus «deseos» tanto como desde sus necesidades. Para nuestros propósitos, los *deseos* y las *necesidades* prácticamente se pueden intercambiar.

Necesidades y deseos: razones y excusas. ¡El vendedor exitoso de hoy es un *conductor de los deseos del cliente y un orientador de sus necesidades*! La gente compra porque *necesita* o *quiere* algo. Si podemos dar a alguien una razón para comprar *y* una excusa para hacerlo, hay muchísimas probabilidades de que compre.

Por ejemplo, las *razones* por las que la gente compra ordenadores personales y teléfonos móviles son: 1) que quieren esos productos de alta tecnología, y 2) que otros miembros de su familia y su círculo cercano los tienen. Las *excusas* que la gente expone para comprarlos son: 1) por conveniencia, y 2) para mejora de la comunicación. De nuevo, cada «excusa» es legítima, pero el factor determinante en la compra es ese «lo quiero» (que se ve reforzado por la propiedad de los otros).

La experiencia habla. Hace muchos años, cuando estaba en ventas directas de utensilios de cocina, hice una presentación a una familia que *necesitaba* con urgencia mis utensilios. Tuve la oportunidad de anotar sus aparejos mientras preparaba la muestra de comida, y no tenían *nada*. Debido a que su necesidad era tan grande, empleé cerca de dos horas en cerrar la venta. La mujer y su esposo tuvieron el mismo nivel de intensidad que yo en su habilidad de perseverar, porque no dejaban de decir: «No hay dinero, es muy caro, ¡no podemos permitírnoslo!».

Mientras guardaba mis muestras para marcharme, alguien, el marido, su mujer, o yo mismo, mencionó «porcelana». Hoy sigo recordando el modo en que los ojos de aquella amable señora se encendieron. Ella dijo: «¿Porcelana? ¿Usted vende porcelana fina?».

«Sí señora —respondí—. ¡Vendemos la porcelana *más fina* de todo el mundo!».

Menos de treinta minutos después dejé aquella casa con una orden de pedido considerablemente más elevada que todo el conjunto completo de utensilios de cocina. Ahora piensa conmigo. Si ella no podía permitirse el conjunto de cocina que necesitaba tan desesperadamente, ¿cómo podía adquirir la porcelana que no necesitaba? La respuesta es que ella *no podía* permitirse comprar un conjunto de utensilios de cocina que *no quería*, pero *podía* comprar un conjunto de porcelana fina que *sí quería*.

Esta es la cuestión: *la gente compra lo que desea cuando lo quiere más de lo que puede querer el dinero que eso cuesta.*

¿Cómo descubres los deseos y las necesidades? Me alegro de que me lo preguntes.

Probando. Con el esfuerzo adecuado en la prueba, puedes descubrir las necesidades del cliente. Cada uno tiene un manojo de necesidades y deseos. A menudo se encuentran enmascarados bajo síntomas. El vendedor que vende a los síntomas falla al vender y no entiende el porqué, o realiza ventas *inconclusas*, de *falsas expectativas*, o de *devoluciones*, sea como sea llames al hecho de perder ventas, comisiones, y la oportunidad de ayudar a un cliente.

Debes buscar hacer preguntas para recoger información, no para recoger hechos. Aunque quieras información objetiva, los hechos por sí solos no te ayudarán a descubrir las necesidades del cliente. Los dos siguientes capítulos contienen detalles acerca de las maneras correctas de preguntar.

PASO DOS: MENTALIZACIÓN DE LA NECESIDAD

En el paso de la Mentalización de la Necesidad, hay dos partes bien definidas. En primer lugar, el vendedor debe haber identificado una o más necesidades específicas que puedan ser articuladas con claridad. En el segundo, el cliente debe entender que existe una necesidad y las características de esa necesidad. La «bombilla» debe encenderse primero a tu mente y después en la mente del cliente.

Piensa las preguntas. Debes comenzar con la Mentalización de la Necesidad del mismo modo en que iniciaste el Análisis de Necesidad: haciendo preguntas. Pero la Mentalización de la Necesidad es difícil porque para hacer preguntas que te hagan entender tanto a ti como al cliente sus necesidades y deseos, ¡se requiere que *pienses*! Y es complicado porque «nosotros los que vendemos» estamos a menudo tan concentrados en conseguir la venta que paramos de pensar... o pensamos en el resultado que queremos en detrimento de los procesos que debemos recorrer para conseguir ese resultado.

Aunque los clientes vengan a ti en un entorno de ventas al por menor, y especialmente cuando ellos no vienen a ti, desarrollar la Mentalización de la Necesidad es vital. Sé que algunos de ustedes encontrarán esto difícil de creer, pero pasará que algunos clientes te dirán qué quieren comprar... ¡y entonces cambiarían de idea! (Sí, el sarcasmo es mío). Si no has identificado la necesidad apropiada *y* le has aclarado perfectamente esa necesidad al cliente, la venta no se realizará, o no se podrá mantener.

PASO TRES: SOLUCIÓN DE LA NECESIDAD

El paso tres en la fórmula de cuatro pasos que encaja en toda venta de productos y servicios es la Solución de la Necesidad. En este paso tú presentas tu producto. Ahora es el momento de dejar de hacer preguntas y empezar a presentar soluciones a las necesidades.

Recuerda: tú no *inventas* ni *creas* las necesidades. Eso no es vender. Tú destapas una necesidad o problema que ya estaba ahí y, en el proceso, prestas una solución, un servicio real.

Has invertido dos fases del proceso de ventas profesional descubriendo y sintonizando con necesidades y deseos, de manera que no llegas con tu producto hasta este punto. Déjame explicártelo haciendo una serie de preguntas *con trampa.* Antes dije que estábamos diseñados para ser inducidos, así que considérate advertido. ¿Has comprado alguna vez una cama? ¿Un traje nuevo? ¿Un automóvil? ¿Una póliza de seguros? ¿Una fotocopiadora para la oficina? ¿Un programa de entrenamiento? ¿Una colección de cintas? ¿Un libro?

Permite que te diga que ninguno de los que leen este libro ha comprado nunca ninguno de estos objetos. Lo que compraron fue una buena noche de sueño; la manera en la que te sienta ese traje; transporte; protección para tu familia con descuentos y ventajas de inversión; una mejora de la comunicación y la organización para la oficina; productividad extra; más información; un programa de ventas básico que te ayudará a ser más exitoso en tu carrera de ventas.

Ninguno de nosotros compra productos. Todos compramos los productos del producto: lo que se conoce como beneficios o solución de necesidades. En resumen, no compramos lo que el producto es; compramos lo que el producto *hace por nosotros.*

Ve con la necesidad. Nosotros nunca vamos con el producto; vamos con la necesidad. Todo el mundo escucha la misma emisora de radio según mi amigo y colega de entrenamiento de ventas Don Hutson. Don dice, y yo estoy completamente de acuerdo, que cada uno de nosotros escucha la emisora WII-FM: estas letras indican en inglés *W*hat's *I*n *I*t *F*or *M*e?, y significan *¿Qué hay aquí para mí*? Debemos relacionarnos con el cliente en términos de necesidad, no en términos de producto.

El asesor de comunicación Nick Dalley ha realizado algunos trabajos para nuestra organización. Habían pasado algunos meses desde que le vimos por última vez, y mucha gente se percató de que había algo diferente en Nick cuando regresó para ayudarnos con un proyecto en particular. Finalmente nos dimos cuenta de que llevaba aparato en los dientes. Al final, la curiosidad de alguien le llevó a preguntar a Nick por qué los llevaba.

La respuesta de Nick contiene una lección muy válida acerca del WII-FM, y de ir con la necesidad. Él respondió: «No quiero llevar aparato. Quiero una dentadura derecha».

No pierdas tu tiempo y el del cliente diciendo lo que el producto ES. Dile lo que puede HACER y por qué lo hará por él. En el capítulo 9 aprenderás cómo contarle a la gente lo que estás vendiendo, lo que hace, y ¡por qué lo hará por él mejor que ningún otro!

PASO CUATRO: SATISFACCIÓN DE LA NECESIDAD

El cuarto paso del proceso es la Satisfacción de la Necesidad. Aquí está el paso más importante que el vendedor puede dar cuando va a ayudar a otros. Si sientes el deseo sincero de ayudar a otros; si crees sinceramente en tu producto o servicio; si realmente quieres el beneficio del cliente; si en verdad deseas beneficiarte financieramente de tu trabajo duro y esfuerzo... entonces debes recordar: *S. S. O. P.: Solicita Siempre la Orden de Pedido.* Aunque puede parecer absurdo para algunos, a veces nos bloqueamos, nos quemamos o sencillamente «hacemos un disparate» cuando el momento de cerrar una venta está cerca. Es un error tan común que escribí todo un libro sobre el tema llamado *Grandes secretos de Zig Ziglar para cerrar la venta.* Se han vendido cientos de miles de copias porque todos queremos cerrar más ventas más a menudo. En el capítulo 10 aprenderás a pedir y a conseguir la orden de venta.

6

Las preguntas son la respuesta: Análisis de la Necesidad

¿Cuál es la mejor manera de empezar la presentación? ¡Con preguntas! ¿Cuál es el propósito de empezar con preguntas? Las preguntas nos permiten reunir información importante, lo que nos capacita para ayudar a nuestros clientes, *y* lo que es igual de importante (o quizá más importante), cuando hacemos preguntas de un modo profesional establecemos el aspecto más importante del proceso de ventas: *¡la confianza!*

Pregúntate a ti mismo

Si fueras a hacerme una serie de preguntas de una manera profesional que mostrara un interés *sincero* en mí y en mi compañía, ¿qué pensaría yo de ti? Si manejas esta parte de la presentación de la manera adecuada, aprendería que no eres «otro vendedor que quiere separarme de mi dinero». En vez de eso, descubriría que estás verdaderamente interesado en ayudarme.

Las preguntas son importantes, pero una serie de preguntas obvias diseñadas para guiar a los clientes «a través del aro» y manipularles hasta el punto de llegar a sus «hondos bolsillos» para rascar sus dólares duramente ganados no es muy diferente a una endodoncia sin analgésicos... ¡no se puede soportar! Como profesionales, necesitamos «motivar» a los clientes a compartir sus necesidades, deseos, problemas e intereses con nosotros de tal manera que podamos «motivarles» a usar nuestros servicios para resolver su problema.

Esto nos lleva a una cuestión ética, y la ética es el fundamento sobre el que debemos construir una carrera. ¿Cuál es la diferencia entre motivación y manipulación? Por desgracia, ambos términos se confunden a menudo, pero comparar motivación con manipulación es como comparar bondad con engaño. La diferencia reside en la intención de la persona. La motivación hará que la gente actúe por libre elección y voluntad propia, mientras que la manipulación a menudo acaba en una conformidad forzada. Una es ética y duradera, y la otra es deshonesta y temporal.

CUESTIONES DE PENSAMIENTO VS. SENTIMIENTO

Cuando haces preguntas para descubrir cómo se siente el cliente, es probable que estés más cerca de averiguar lo que la persona piensa. La mayoría de nosotros demanda tomar decisiones lógicas, pero la realidad es que generalmente tomamos decisiones emocionales.

Sin embargo, como vendedores debemos entender que si usamos únicamente preguntas para crear emociones, puede que consigamos que los clientes tomen partido, ¿pero qué ocurre cuando la emoción del momento desaparece? «El remordimiento del comprador» puede aparecer, y nosotros podemos perder ventas que parecían muy sólidas en el momento del cierre. Por otra parte, si solo usamos preguntas lógicas (que los clientes responden desde su intelecto), quizá les eduquemos sobre sus necesidades y los beneficios de nuestro producto o servicio, pero muy probablemente irán a la calle y comprarán a otro que les atrape emocionalmente en los beneficios del producto. Por lo tanto, nos corresponde combinar emoción y lógica. La emoción hace a los clientes emprender la acción ahora, y la lógica nos permite justificarles la compra después.

COMBINA LA EMOCIÓN Y LA LÓGICA

Supongamos que tienes un producto o servicio que ahorra dinero a tu cliente. Al final de tu demostración o presentación, cuando has demostrado con fiabilidad que tu producto o servicio hace ahorrar dinero al cliente, deberías hacer tres preguntas:

«¿Puede ver dónde le ayuda a ahorrar dinero nuestro producto?».

«¿Está interesado en ahorrar dinero?».

«¿Cuál cree que sería el mejor momento para empezar a ahorrar dinero si estuviera dispuesto a hacerlo?».

Una de las emociones más fuertes a la que nos enfrentamos es al MIEDO. Y probablemente hayas escuchado el viejo dicho: «El miedo a perder es mayor que el deseo de ganar».

Obviamente, intentas ayudar al cliente alejando el miedo a perder dinero. (Tú no creaste el miedo; tú estás ayudando a eliminarlo). Tu primera pregunta (¿Puede ver dónde le ayuda a ahorrar dinero nuestro producto?) inaugura el proceso de «eliminación del miedo». Hablas ahora a tu cliente en un plano *emocional*.

La segunda pregunta puede parecer bastante evidente, pero debe realizarse. Esta pregunta directa (¿Está interesado en ahorrar dinero?) saca al cliente del mundo de la emoción hacia el mundo de la *lógica*. «Por supuesto, estoy interesado en ahorrar dinero; cualquier persona sensata estaría interesada» podría ser la respuesta mental, incluso aunque la respuesta oral sea sencillamente sí.

Ahora tu cliente ya ha admitido por sí mismo que tu producto ahorra dinero, y la persona es firme en el deseo de ahorrarlo. La pregunta tres (¿Cuál cree que sería el mejor momento para empezar a ahorrar dinero si estuviera dispuesto a hacerlo?) llama a la acción inmediata. También es un recordatorio (emocional) de que fracasar al pasar a la acción puede traer mayores pérdidas de dinero.

Si tu producto o servicio tiene un beneficio para la salud, debes usar el mismo proceso de tres preguntas. En las áreas de maquinaria de ejercicio, vitaminas, membresías a gimnasios, o terapia física, las preguntas podrían ser:

«¿Puede ver dónde esto puede ser beneficioso para su salud?».

«¿Está interesado seriamente en mantener (o recuperar) su buena salud?

«Bajo estas circunstancias, ¿cuándo cree que sería el mejor momento para empezar a tomar en serio el cuidado de la salud que tan obviamente considera en tan alta estima?».

Permíteme que paremos aquí y consideremos el beneficio número uno del producto o servicio que estás vendiendo. ¿Cuál es la razón básica por la que podrías hacer que la gente se decidiese por tu producto o servicio? Desarrolla aquí tu versión personalizada de las tres preguntas que enlazan emoción y lógica.

Mi beneficio básico (lo que mi producto o servicio hace por otros) es: ______________________________

Mis tres preguntas «personalizadas» son:

«¿Puede ver ______________________________?».

«¿Está interesado en ______________________________?».

«¿Cuándo cree que ______________________________?».

Si no te has tomado tiempo para rellenar estas cuestiones, ¿puedo hacerte unas preguntas? ¿Puedes ver dónde enlazar la emoción con la lógica en una venta podría ayudarte a cerrar más ventas? ¿Estás interesado en cerrar más ventas? ¿Cuándo crees que sería el mejor momento para empezar a cerrar más ventas?

EL PROCESO APROPIADO DE PREGUNTAS

Hay tres tipos básicos de preguntas que nos permiten descubrir las necesidades y los deseos de nuestros clientes y de los clientes potenciales. Y todas las preguntas —emocionales o lógicas— entran dentro de estas tres categorías.

PREGUNTAS DE PUERTAS ABIERTAS

El primer tipo es el de preguntas de puertas abiertas. Estas permiten a las personas preguntadas ir a donde ellas quieran ir con sus respuestas. Después de todo, tu propósito no es asfixiar a los clientes: quieres que se muevan libremente. Las preguntas de puertas abiertas se identifican como los conocidos «quién, qué, dónde, cuándo, cómo, y por qué». Deben empezar también con las frases: «¿Qué piensa sobre...?», o: «¿Cómo se siente respecto a...?».

Ejemplos de estas preguntas son:

1. ¿Cuál es el aspecto más emocionante de su trabajo?

2. ¿Qué cambios ve en sus responsabilidades de aquí a los próximos cinco años?

De nuevo, el propósito de las preguntas de puertas abiertas es darle a los clientes libertad para que respondan en la dirección que ellos quieran. Si haces preguntas que solo pueden responderse con un sí o un no, permites que los clientes se vuelvan evasivos y que no ofrezcan ninguna información. Haz preguntas de puertas abiertas.

Una cruz. Un error mayúsculo en las preguntas de puertas abiertas es el de suministrar respuestas. ¡No estás realizando un test de varias opciones! Cuando haces preguntas de puertas abiertas, a menudo habrá un momento de silencio. Aunque pueda resultar terriblemente incómodo, es necesaria una pausa para que la persona se forme una respuesta intuitiva e inteligente para tu pregunta. Evita ofrecer respuestas a la pregunta basándote en tu incomodidad o en el deseo de trasladar tus percepciones a la situación.

Preguntas de puertas cerradas

El segundo tipo de pregunta es la pregunta de puertas cerradas. Si una pregunta para puertas abiertas está diseñada para dejar a los clientes moverse libremente por donde sus pensamientos les lleven, la pregunta de puertas cerradas está diseñada para mantenerles en una zona limitada para aclarar o adornar. Las preguntas de puertas cerradas empiezan con frases como: «¿Me podría decir más sobre...?», o: «Fascinante. ¿Qué quiere decir con...?».

Algunos ejemplos de preguntas de puertas cerradas son:

1. ¿Cómo se compara su división, en relación al tamaño, con las otras divisiones de su compañía?

2. Puesto que su objetivo es incrementar los beneficios, ¿cómo usaría la compañía esos beneficios adicionales?

PREGUNTAS DE SÍ O NO

El tercer tipo de pregunta es la de sí o no. Esta pregunta requiere una respuesta directa. Sin embargo, usaremos esta pregunta solo cuando realmente conozcamos la repuesta. El peligro de este tipo de pregunta es que si se abusa, puede ser percibida como condescendiente.

Mientras construimos simples preguntas de sí o no, recuerda exponerlas con tus propias palabras y en el marco de tu propia personalidad.

1. ¿Está de acuerdo con que esto podría ahorrarle dinero?

2. ¿Podría encajar lo que le propongo con sus objetivos?

Las preguntas de sí o no te permite «tantear las aguas» y comprobar tus progresos en el proceso de ventas. Algunos entrenadores llaman a estas preguntas «ensayos de aproximación», porque pueden indicarte si tienes el apoyo del cliente basándote en la respuesta.

TU HERRAMIENTA DE VENTAS MÁS ABANDONADA

Sin duda, una de las herramientas de ventas más importante (y la última en desarrollarse) es la voz del vendedor. La mayoría de los logopedas coinciden en que solo el cinco por ciento de las personas en nuestra sociedad tienen voces agradables. Casi todo el resto, sin embargo, puede entrenarse. ¿Cómo? Incluso mientras lees estas palabras, te animo a encerrarte en una habitación y *no solo* leerlas en alto, sino también grabarlas. Recuerda preguntarte mientras te escuchas en la cinta: «¿Le compraría algo a esta persona?».

Déjame invitarte a grabar las preguntas que harás cientos de veces, y si eres el auténtico vendedor profesional que creo que eres, darás el «paso adelante» y practicarás usando la inflexión de voz adecuada para las respuestas y las objeciones con las que tratarás regularmente. Al usar una grabación para practicar tus respuestas a las declaraciones de los clientes, entrenas tu voz y afinas tus habilidades de persuasión, ambos pasos importantísimos para convertirte en un profesional consumado.

¿ENTREVISTA O INTERROGATORIO?

Aunque confío en que esto que voy a decir es obvio, permíteme que te comparta que es vital *usar tus propias palabras y trabajar dentro del marco de tu propia personalidad.* Tu trabajo es entrevistar, explorar y destapar los deseos y necesidades del cliente como un consejero bondadoso, no como un fiscal.

¿Estás mostrando un interés sincero en el cliente? ¿Las preguntas están basadas en la conversación (en las respuestas previas), o solo sigues adelante con tu lista preparada? Lo único más frustrante que ese pobre presentador de programas que hace preguntas sin reparar en la respuesta a la pregunta previa es el vendedor poco profesional que hace lo mismo.

7

DIRIGIENDO UNA ENTREVISTA CÓMODA

El conferenciante Jim Cathcart, amigo y colega mío, ofrece un seminario acerca de la «introspección». ¿No es un nombre estupendo? Solo pensar en hacer una «introspección» en lugar de una entrevista te ayudará a trazar en tu mente el tipo de imagen necesaria para tener éxito en la recolección de información de la fase de Análisis de la Necesidad del proceso de ventas. Si hacer una «introspección» (a tu cliente) se convierte en tu objetivo, ¡tu carrera de ventas se verá realzada!

LA FÓRMULA P. O. M. O.

Incluso los vendedores profesionales más exitosos tienen dificultad para «lanzar» una serie de preguntas a un cliente potencial con el que se encuentran por primera vez. Los demás todavía luchan por pedir información sin dar algo primero.

La fórmula P. O. M. O. te permitirá involucrarte en un proceso de entrevista conversacional que será cómodo para ti *y* para el cliente. P. O. M. O. te da un sendero por el que correr y una dirección específica acerca de cómo encontrar mejor las necesidades en los «niveles de comodidad» del cliente.

PERSONA

La *P* de la fórmula P. O. M. O. significa *Persona. Lo que sea* que exprese un interés *sincero* en el cliente será valioso para ti. Te animo a diseñar ahora una serie de preguntas relativas a la persona. Recuerda que está bien compartir algo de información personal sobre ti, pero *tú* ya te conoces a ti mismo. Da solo lo necesario sobre ti para encontrar intereses comunes, pero no tanto como para monopolizar la conversación. Limita las revelaciones personales a un 25 por ciento en esta parte de la conversación. En otras palabras: tres partes del cliente frente a una parte del vendedor.

El verdadero profesional, el que realmente se preocupa de los clientes potenciales y de los clientes fijos, también reúne información para hacer un seguimiento con visitas y llamadas. Preguntar con aire despreocupado por el resultado del último partido, o por el lugar donde el cliente y su esposa decidieron cenar por su aniversario puede ser un paso decisivo hacia la demostración exterior de que realmente te preocupas por los demás y de que se les tratará con toda la importancia que se merecen. Las palabras clave para recordar en el proceso son: *breve*, *cálido*, *sincero*, y *amigable*.

Desarrollar preguntas sobre la persona. Mi amigo Gerhard Gschwandtner, editor de la revista *Selling Power*, tiene un maravilloso manual llamado *The Sales Question Book* [El libro de preguntas de las ventas], que contiene cientos de ejemplos preguntas presentadas en distintas categorías. Hazte con una copia del manual de Gerhard y tómate un tiempo para adaptar esas preguntas a tu situación y hacerlas tuyas.

Los siguientes son ejemplos de preguntas centradas en la persona.

Preguntas de puertas abiertas (Persona)

1. ¿Cómo llegó a este negocio en particular?
2. ¿De qué parte del país procede?

Preguntas de puertas cerradas (Persona)

1. ¿Cuánto tiempo lleva siendo (jugador de golf, entusiasta del tenis, cazador)?
2. Aparte de trabajar aquí, ¿qué tipo de experiencias laborales ha desarrollado?

Preguntas de sí o no (Persona)

1. ¿Le gusta vivir en Dallas?
2. ¿Se siente capaz de pasar un tiempo considerable con su familia?

ORGANIZACIÓN

La primera *O* de la fórmula P. O. M. O. es para la Organización. A medida que la conversación sobre la persona llega a un punto muerto, desplázate hacia la organización. De nuevo, investiga con delicadeza y préstate a hablar de tu organización. Pero se aplica la misma regla que en el punto «*persona*» de P. O. M. O.: 25 por ciento sobre tu organización y 75 por ciento sobre la del cliente.

No estoy diciendo con esto que no puedas hablar de tu compañía. Algunos clientes están muy interesados en saber de ti y necesitas darle suficiente información para que confíen en que tu compañía es sólida y acreditada. Sin embargo, no monopolices la conversación. Tu objetivo es darles suficiente información para que confíen... y recopilar suficiente información para volverte eficaz (esto es, lograr la venta).

Desarrollar preguntas sobre la organización. Aquí hay algunos ejemplos de preguntas que puedes adaptar para ti.

Preguntas de puertas abiertas (Organización)

1. ¿Me contaría algo sobre su organización?

2. ¿Qué parte de su trabajo le interesa más y crea expectación en la comunidad empresarial?

Preguntas de puertas cerradas (Organización)

1. ¿Cómo actúa el departamento de ____________?

2. ¿Qué tipo de formación recibe la dirección de su organización?

Preguntas de sí o no (Organización)

1. ¿Está satisfecho con su balance de beneficios?
2. ¿Su organización está creciendo a la medida de sus expectativas?

METAS

La *M* en la fórmula P. O. M. O. se interpreta como *Metas.* Este es el momento de reunir información sobre metas personales y profesionales. Muchos aficionados están tan encantados de obtener una respuesta que van corriendo a la siguiente parte del proceso. El verdadero profesional continuará investigando.

Preguntas para descubrir metas. Las siguientes son algunas preguntas de ejemplo que podrías adaptar a tu «introspección» sobre metas.

Preguntas de puertas abiertas (Metas)

1. ¿Cuáles son sus metas personales o de su organización?
2. ¿Cómo determinó que estas metas eran de máxima prioridad?

Preguntas de puertas cerradas (Metas)

1. ¿Cómo sigue al día de hoy el progreso de sus objetivos?

2. ¿Cuánto tiempo transcurre hasta que consigue su meta?

Preguntas de sí o no (Metas)

1. ¿Sus metas han sido realistas en el pasado?

2. Está usando un proceso de establecimiento de metas, ¿verdad?

Metas frustradas. ¿Por qué hay tan poca gente que consigue sus metas? En primer lugar porque nunca han identificado realmente las metas verdaderas.

Muchas veces los objetivos de un cliente implican dinero. ¡Pero te aseguro que el dinero nunca es un objetivo! La meta real gira alrededor de *lo que puede hacerse* con el dinero. Ya sea para construirnos un monumento en nuestro honor (una bonita casa) o para construir un ala nueva en un orfanato, lo más importante es que la meta real sea identificada.

Cuando preguntas a un cliente sobre metas y obtienes una respuesta sobre dinero, y continúas con: «¿Por qué eso le resulta tan importante?», comienzas a descubrir metas reales. Muchos habrán dedicado a sus metas muy pocas reflexiones. Mientras esta parte del proceso de ventas no divague hacia una sesión de consejería, tu meta debe ser ir al grano con el cliente. Muchas ventas «se fastidian», incluso con profesionales experimentados, porque ellos no sondearon metas reales.

OBSTÁCULOS

La segunda *O* en la fórmula P. O. M. O. representa los *Obstáculos* para conseguir las metas de las que se acaba de hablar. Como dijo el doctor Norman Vincent Peale: «Si quieres conocer a alguien sin problemas, sin obstáculos en la vida, simplemente acude a un cementerio... y si se piensa bien, algunos de ellos tienen un problema tremendo».

Todos aquellos con quienes contactamos tienen problemas. Una vez escuché a un hombre decir: «Dirígete a cualquiera en la calle y dile: "Me han contado lo de tu problema", y la persona responderá: "¿Quién te lo ha contado?"». Los problemas son el lugar común que compartes con tu cliente. Pero la clave no reside en no tener problemas; la clave está en encontrar solución a esos problemas.

Preguntas para descubrir obstáculos. Las siguientes preguntas sirven de ejemplo para ayudarte a descubrir obstáculos.

Preguntas de puertas abiertas (Obstáculos)

1. ¿Qué le impide estar donde quiere estar?
2. ¿A qué obstáculos se enfrenta?

Preguntas de puertas cerradas (Obstáculos)

1. ¿Qué está haciendo para superar ______________ (un obstáculo concreto)?
2. ¿Qué obstáculo por superar es más crucial?

Preguntas de sí o no (Obstáculos)

1. ¿Cree que hay otros pasos que pueda dar para superar obstáculos?
2. ¿Ha diseñado un plan para superar los obstáculos que parecen estar reteniéndole?

PREPARACIÓN

La fórmula P. O. M. O. es una gran herramienta para la preparación. Es imposible estar «demasiado preparado» para una presentación. Cuando estás preparado a conciencia, el lado izquierdo del cerebro (el lóbulo dirigido, organizado, lógico y concretamente secuencial) está funcionando a la máxima capacidad. Esto permite que tu cerebro derecho (el lóbulo creativo, espontáneo, visual) maneje la interrupción o la distracción de la manera más eficaz posible. La preparación es vital para el éxito.

Al comienzo de tu carrera como vendedor quizá tengas que «forcejear» con algunos de estos procesos de aprendizaje. La preparación ayuda enormemente.

¿Cuánto tiempo? Una parte integral de la preparación es la distribución del tiempo. Cuando estés envuelto en el proceso P. O. M. O., deberías estar muy seguro acerca del tiempo que vas a tener disponible para pasar con tu cliente. Una vez que te comprometas con una duración, asegúrate de que te excedes de ese tiempo *solo si el cliente lo pide.*

Algunos clientes son increíblemente impacientes, incluso muestran su impaciencia al comienzo del Análisis de la

Necesidad. No se dejan llevar y son impetuosos y quieren ir directamente a los resultados sin ningún «escaparate» en el camino. Cuando los clientes piden saber «qué hará eso por mí y cuánto me va a costar», tienes que trasladarte inmediatamente a una venta de beneficios. Enfatiza tu punto más espectacular —la razón por la cual el mayor número de personas compra tu producto o servicio— haciendo una pregunta. Cuando logres una respuesta positiva e interesada (y la conseguirás a menudo), simplemente di: «Entonces déjeme llevarle al quid de la cuestión...», y continúa tu presentación profesional planeada.

No tienes necesidad de distraerte o sentir pánico o comenzar el cierre inmediatamente. Mantente con tu plan y realiza una versión *abreviada* de cada paso. Pero si ofreciendo tu charla abreviada y el cliente prosigue en interrumpir, para y di: «Sr. Cliente, de verdad deseo servirle de la mejor manera posible. ¿Le parece mejor que reprogramemos esta reunión para otro momento?». Si el cliente dice que sí, fija una cita y vete inmediatamente. Tan pronto como sea posible, reúnete con tu superior de ventas para evaluar el contacto. Algunas personas deben llegar a lo fundamental más rápido que otras, y algunos vendedores insisten en la presentación. Deja que tu superior de ventas te ayude a determinar la causa de esta situación.

Muchas veces el cliente hará preguntas del tipo de «estoy listo para comprar»: ¿cuántos tamaños ofrece de este producto? ¿Este es el único color? ¿Tiene un plan de financiación? Cuando esto ocurra, haz la pregunta de cierre: «¿Qué color y tamaño se acercaría mejor a sus necesidades?».

Cuando responda... escribe la orden (no insistas en finalizar tu presentación).

Pasar a la Mentalización de la Necesidad

Y ahora llega el momento de la verdad. Ahora que ya conoces a la Persona, la Organización, las Metas y los Obstáculos a estas metas, ¿qué haces? Inicias el siguiente paso en el proceso de ventas: la Mentalización de la Necesidad.

8

Hacer que las luces se enciendan: Mentalización de la Necesidad

Incluso cuando estés seguro de que has descubierto la necesidad del cliente, debes continuar investigando por dos razones básicas: 1) para asegurarte de que tienes la necesidad auténtica y no un síntoma de necesidad; y 2) para asegurarte de que el cliente entiende que realmente hay una necesidad.

Equilibrio homeostático

Bryan Flanagan me presentó el término *equilibrio homeostático* hace muchos años. La ley natural de la homeostasis dice que un organismo permanece en perfecto equilibrio hasta que se deja llevar por una fuerza exterior. La fuerza exterior provoca la interrupción del statu quo, y el organismo se desequilibra. Raramente emprendemos la *acción* hasta que no estamos desequilibrados. Una vez así, daremos el primer paso para corregir o equilibrar nuestra balanza.

El equilibrio homeostático ayudará al cliente a entender que hay una necesidad (encendiendo la luz en él). Y al enseñarle dónde se encuentra desequilibrado, el profesional de ventas desbarata el equilibrio homeostático.

CLIENTES DESEQUILIBRADOS

No estoy defendiendo que eches abajo el equilibrio del cliente. Debes descubrir dónde existe realmente un desequilibrio y apuntar hacia él de una manera convincente. En esencia, esto hace que tu cliente esté incómodo o infeliz con su condición o situación, lo cual significa que ahora estás en posición de hacer una venta porque tu cliente quiere resolver su problema.

Cuando el cliente se vuelve consciente de su desequilibrio, pueden pasar tres cosas. Primero, que el vendedor haga la venta y ahora tenga que preocuparse de cómo gastar las comisiones. Segundo, que el cliente descubra su desequilibrio pero el vendedor no solicite la orden de pedido. Entonces, al poco tiempo el cliente recupera el equilibrio y olvida que alguna vez se sintió incómodo. Tercero, que el cliente descubra que está desequilibrado, el vendedor no solicite el pedido, y entonces aparezca la competencia que sí solicita la orden de pedido, se gane al cliente, y logre la venta. Entonces todos contentos... ¡excepto tú!

ENTRENAR PARA LA MENTALIZACIÓN DE LA NECESIDAD

Para ayudar al cliente a descubrir su área de desequilibrio, debes hacer preguntas. Estas preguntas se basarán en el conocimiento de tu producto, tu industria, el precio, la aplicación, y la competencia.

1. Conocimiento del producto

El entusiasmo por el producto o servicio viene del conocimiento del producto y de la conversación con clientes satisfechos. ¿Cómo podemos desarrollar entusiasmo por algo sobre lo que tenemos poco o ningún conocimiento? Consigue información acerca de la historia del producto, cómo se hizo o manufacturó, y cómo hace lo que hace y por qué. Querrás estudiar constantemente el producto y las mejoras que se le hacen.

2. Conocimiento de la industria

Cuando más conozcas las líneas generales de tu industria, más capaz serás de comprender el importantísimo «por qué». De nuevo, regresa a la historia de tu industria. Entiende cómo ese grupo de productos o servicios evolucionaron hasta su nivel actual. Luego ve más allá de la historia, hacia el análisis de la industria. ¿Hacia dónde se dirigirá tu industria en los próximos cinco o diez años? ¿Cuáles son las próximas tendencias que podrían ayudarte a ayudar a más personas?

Cada industria tiene gran cantidad de publicaciones comerciales llenas de artículos destacados, gráficos de análisis de tendencias, la información más reciente en asuntos legales, ideas sobre publicidad, y noticias sobre gente de la industria. Tu eficacia en tu próximo contacto puede depender de tu conocimiento básico sobre tu industria, y los perfiles detallados de tu cliente te separarán de la amplia mayoría de personas de la profesión de las ventas.

3. CONOCIMIENTO DEL PRECIO

¿Por qué tu producto o servicio requiere la inversión que le pides al cliente? ¿Cómo justificas pedir cierta cantidad de dinero por ese número de beneficios? ¿Cuáles son tus márgenes de beneficio? ¿Entiendes la diferencia entre coste y precio?

El conocimiento del precio incluye muchas áreas distintas: maximizar beneficios en mercados difíciles, aproximar el precio al mercado, adaptar la estrategia del precio a la economía cambiante, y negociar precios. Sin embargo, la mayoría de los que estamos en ventas no trataremos con estas áreas. Necesitamos centrarnos en mostrar a los clientes cómo y por qué el precio de nuestro producto o servicio es razonable para ellos.

Muchos vendedores creen equivocadamente que el precio es el factor determinante en la mayoría de las ventas. Estoy convencido de que en la mayoría de las ventas lo verdadero es lo contrario.

Bill Callaway, de Farmington, Missouri, compartió mi creencia cuando él era vendedor para una compañía de material de oficina en Flat River, Missouri, que vendía ordenadores. Estableció un contacto con una residencia de ancianos y los propietarios le dijeron que tendrían que discutir su propuesta. En otras palabras, querían «pensarlo». A pesar de sus mejores esfuerzos, no pudo cerrar la venta porque realmente necesitaban tiempo para discutir su propuesta. Una semana después recibió la mala noticia de que los propietarios de la residencia habían acordado un sistema informático similar en St. Louis, que estaba hecho por el mismo fabricante y era 1,600 dólares más barato, de modo que naturalmente estaban bastante más interesados en el modelo menos caro.

Bill decidió que no tomaría un no por respuesta, sino que les ayudaría a conseguir lo que *ellos* realmente *querían* y *necesitaban*.

Bill usó el siguiente enfoque: «Teniendo en cuenta sus necesidades actuales y futuras, ¿cuánto tiempo de vida creen que sería razonable para el ordenador que eligieron?». El comprador dijo, «como mínimo diez años».

«La diferencia —continuó Bill— entre el ordenador que yo ofrezco y el que ha visto en St. Louis es aproximadamente de 1,600 dólares. Veamos cuál es la diferencia sobre los diez años que ha acordado como tiempo de vida aceptable. De hecho, son solo 160 dólares al año, o unos 13 dólares mensuales, lo que hacen aproximadamente 0.43 dólares al día». Entonces Bill hizo la gran pregunta: «¿Valdría la pena pagar 0.43 dólares al día para hacer negocios con una compañía que ustedes reconocen que les ofrecería el asesoramiento y servicio adecuado que consideran tan importantes?».

«¡Sí, valdría la pena!» fue la respuesta, ¡y Bill estaba eufórico!

Bill no vertió toda la información en las fases iniciales de la presentación. Reservó puntos adicionales para usarlos cuando realizara la orden de venta.

Puesto que el miedo a perder fue mayor que el deseo de ganar, Bill podría haber preguntado: «¿Es 0.43 dólares un precio razonable para comprar su paz mental?», o: «¿Ha calculado alguna vez cuánto le costaría estar sin este ordenador si el servicio adecuado no estuviera disponible durante un día, no digamos durante una semana o más?». El miedo a no tener el ordenador, que es un miedo real, sería la preocupación primordial del cliente. En este caso el fabricante era el mismo, y el equipamiento físico casi el mismo. La GRAN diferencia estaba en el vendedor y en el servicio que él podía ofrecer.

Importante: ¡Nunca, nunca, nunca olvides que el precio implica algo más que dinero!

4. Conocimiento de la aplicación

El uso o aplicación de tu producto te ayudará enormemente a mostrarle al cliente la necesidad que tiene de él. La implementación es vital para la práctica, y la práctica es vital para el marketing de «boca a boca», que puede ayudarte muchísimo. Si entiendes cómo puede ser usado tu producto, tus bienes o servicios, *y* puedes ayudar a otros a entender el proceso, ayudarás a más gente y cerrarás más ventas.

5. Conocimiento de la competencia

Cuando fallas al hacer la venta, ¿sabes el por qué? En la mayoría de los casos, vas contra un competidor «exterior». ¿Sabes contra quién compites? ¿Sabes por qué le vences? ¿Sabes por qué pierdes ventas a su favor? El conocimiento sobre tus competidores te ayudará de muchas maneras cuando les estés enseñando a los clientes cómo pueden conocer sus necesidades. En esta era nuestra de la información, aprovecha la ventaja total de la tecnología para estar por delante de la competencia.

Descubrir áreas de desequilibrio

Si te has preparado con sabiduría, entonces puedes pasar a las preguntas. Lo más importante a recordar cuando le muestras el desequilibrio al cliente es asegurarte de que tienes una solución. ¿Qué podría ser más frustrante que descubrir un problema serio sin solución? ¿Estás en este negocio para ayudar o para herir a la gente? Si haces una venta que resuelve un problema (que corrige un desequilibrio) y eres recompensado, ¿no ganan *tanto* el cliente *como* tú? Si no tienes el interés del cliente en el corazón, ¿no deberías buscar otra cosa que hacer?

¿Están las luces encendidas?

Una vez que las luces se encienden para ti (cuando conoces la necesidad y sabes que tienes la solución) y las luces se encienden para el cliente (esa persona sabe que hay una necesidad y que tú tienes una solución), debes pasar la fase de la Solución de la Necesidad del proceso de ventas.

9

Vender a los problemas de la gente: Solución de la Necesidad

J. Kevin Jenkins de Lafayette, Luisiana, vendía una inclinación correcta de pelvis, un torrente sanguíneo fluido, músculos relajados, paz mental, ausencia de estrés, y un cuerpo y una mente relajados y descansados.

Kevin empezaba su presentación con la validación científica de quiroprácticos y doctores en medicina corroborando la información que mostraba cómo usando su producto durante un período extendido aumentaba la salud y el bienestar. Después presentaba testimonios de clientes y mostraba cómo usando su producto podía ahorrarle al cliente dos horas... en comparación con la competencia. Todo de lo que él hablaba se traducía en beneficio para el cliente, lo cual, después de todo, es la única razón por la que alguien compra algo de otro alguien.

Hasta aquí algunos se habrán dado cuenta de que Kevin vendía camas de agua, ¿pero puedo hacer una pregunta? Si te hubieran mostrado como podías obtener todos estos beneficios, ¿te preocuparías de qué producto se trataba? Al pintar un cuadro irresistible del tiempo libre y los beneficios para la salud del cliente usando simple aritmética, Kevin Jenkins estaba ganando *y* ayudando a otros a ganar.

Personaliza los beneficios para el cliente. Pinta a la persona dentro del cuadro conduciendo ese coche lujoso, recibiendo cumplidos por su hermoso traje o vestido, mirando la puesta de sol en el lago donde se está construyendo su nuevo hogar, o sentado en el cómodo entorno de descanso obtenido por el plan de jubilación que acaba de contratar. Dibuja la imagen para que tu cliente *vea* beneficios personales.

DOS PREGUNTAS VITALES

Cuando proveemos soluciones, no vendemos productos. La gente no compra productos. Compra los productos de los productos... conocidos como *beneficios.*

Te animo ahora mismo a pararte y responder lo que deberían ser dos preguntas sencillas. Como mucho debe haber tres respuestas para cada pregunta, pero respóndelas tan completamente como sea posible.

La primera pregunta: ¿qué vendes?

1. ______________________________

2. ______________________________

3. ______________________________

____

La segunda pregunta: ¿qué compran tus clientes?

1. ______________________________

2. ______________________________

3. ______________________________

____

Y ahora, si me permites, haré una tercera pregunta: ¿coinciden las listas? Si la respuesta es sí, tienes kilómetros de ventaja con respecto a la mayoría de tus competidores. Si no te paraste a pensar en tus respuestas, déjame animarte a que te tomes un tiempo para emplear en estas preguntas aparentemente sencillas un esfuerzo sincero. Las respuestas revelarán mucho sobre ti. Aquellos que rechazan tomar un tiempo para responderlas y minimizan su importancia muy a menudo son los que no tienen idea sobre ellas.

MIS RESPUESTAS

Permíteme que yo conteste a las dos preguntas que te he pedido responder. La primera pregunta: ¿qué vendes? Yo vendo herramientas que cambian la vida y dan poder a la gente para superar aspectos negativos de su pasado y hacer progresos en el presente mientras tienen esperanza en el futuro. La segunda pregunta: ¿qué compran tus clientes? La gente obtiene herramientas que les dan poder sobre su pasado, progreso en el presente, y esperanza en el futuro. Y sí, ambas coinciden.

CARACTERÍSTICA, FUNCIÓN, BENEFICIO

En la gran profesión de las ventas hay mucho que hablar sobre características, funciones, y beneficios, ¿pero qué son estos maravillosos elementos? Con el fin de «guiar a la necesidad» debemos tener conocimiento de las definiciones básicas de estas palabras clave.

Una *característica* es una parte del producto o servicio, o lo que el producto o servicio *es*. Cada producto o servicio puede tener muchas características. Un bolígrafo tiene un clip; esta es una característica.

Una *función* es la acción que una parte particular del producto o servicio desempeña, o lo que esa parte particular del producto o servicio *hace*. Hay muchas funciones por cada producto o servicio. El clip del bolígrafo sirve para sujetar el bolígrafo a tu bolsillo.

Un *beneficio* es la *ventaja* de usar la característica y la función, o lo que la característica y la función *hacen por el cliente*. Hay muchos beneficios en cada producto o servicio. El clip del bolígrafo te ahorra dinero y frustración porque así no lo pierdes.

EL EJEMPLO CLÁSICO

Aquellos que estudian las *características*, *funciones* y *beneficios* a menudo usan el bolígrafo como ejemplo clásico. Sin embargo, el ejemplo clásico para ti es tu producto o servicio. ¿Podrías parar un momento y enumerar al menos tres características, tres funciones, y tres beneficios de lo que estás vendiendo?

Características

____

____

____

Funciones

____

____

____

Beneficios

____

____

____

Cuando provees una solución para la necesidad del cliente (resolviéndole un problema), siempre te diriges hacia la necesidad. Habrá ocasiones en las que al señalar las características y funciones esta información convencerá al cliente de que conoces tu negocio y entiendes el valor de tu producto. Sin embargo, el cliente no te dará nada hasta que no hayas explicado con detalle los beneficios.

Los vendedores necesitan entender claramente que los clientes no compran lo que el producto es; compran los beneficios que el uso del producto les traerá. «Frenos antibloqueo» significan muy poco para el conductor medio hasta que le explicas que sirven para prevenir esos peligrosos patinazos en las autopistas resbaladizas.

Doce centímetros de aislamiento no significan nada hasta que los traduces en disminución del calor y en menos gasto de aire acondicionado.

Ahora que entiendes a fondo la importancia de dirigirse hacia la necesidad y ves la diferencia entre características, funciones y beneficios, estás listo para Solicitar Siempre la Orden de Pedido (S. S. O. P.).

10

El ABC del cierre de ventas: Satisfacción de la Necesidad

Hace muchos años, los periódicos de Detroit incluyeron un artículo sobre una monstruosa póliza de seguros que adquirió Henry Ford. Un amigo cercano al señor Ford que estaba en el negocio de los seguros se disgustó muchísimo y le preguntó por qué diantres no le había comprado las pólizas a él. El señor Ford respondió con una lección para todo aquel que vende algo en cualquier tiempo y circunstancia... ¡y esos somos todos! Él dijo: «No me preguntaste».

Satisfacción de la Necesidad

El cuarto paso en nuestra fórmula para la venta de éxito es la Satisfacción de la Necesidad. Recuerda, como persuasor, en la mayoría de los casos el cliente realmente quiere decir sí, particularmente si has completado con éxito el Análisis de la Necesidad, la Mentalización de la Necesidad y la Solución de la Necesidad, y si eres agradable, profesional, y al menos razonablemente amigable. De hecho, a nadie le gusta decir que no, porque eso podría finalizar la relación. Las excepciones están a favor del vendedor profesional, de modo que solicita la orden de pedido, amigo vendedor. Hazlo agradable y profesionalmente, ¡pero HAZLO!

DEBEMOS «PEDIR» PARA «TENER»

Chris Hegarty, toda una autoridad en ventas, informa de que el 63 por ciento de todas las conversaciones de ventas finalizan sin que el vendedor haya solicitado la orden específicamente. Debemos «pedir» para «tener». Cada año se publican decenas de libros sobre el arte y la ciencia de la venta profesional. Sin embargo, muy pocos de estos libros tratan exclusivamente del proceso de cierre. Esta es una de las razones por las que mi libro *Grandes secretos de Zig Ziglar para cerrar la venta* ha sido tan popular y sigue siendo el único libro exclusivo de técnicas de ventas que ha llegado a la lista de los más vendidos del New York Times.

PERSEVERANCIA Y PERSUASIÓN

John Cummings, de Mundelein, Illinois, comprendió uno de estos secretos para cerrar una venta. Cuando era director general de un concesionario, uno de los aprendices de John intentó sin éxito que un cliente adquiriera un vehículo «rodado».

El director de área también fracasó al cerrar la venta. Aunque entre los dos habían realizado la pregunta de cierre al menos cuatro veces, la perspectiva de cerrar la venta parecía remota. Entonces el supervisor, Jim Borgman, tuvo una idea. Una hora después de que el cliente hubiera llegado a casa, Jim llamó y le saludó muy cordialmente, diciendo:

—Señor Cliente, soy Jim Borgman, de Bernard Chevrolet. ¿Le distraigo de algo importante?

Tras comprobar que llamaba a una hora conveniente (lo que fue un movimiento prudente), continuó:

—Quería hacerle un par de preguntas, ¿puede ser?

Al obtener permiso para continuar, Jim preguntó:

—¿Ha visitado a nuestra competencia?

El cliente respondió:

—Sí, claro, lo hice.

Jim fue directo al grano y preguntó:

—¿Les compró?

—No —fue el monosílabo que respondió el cliente.

—Bastante caros, ¿verdad? —dijo Jim.

—Sí, lo son.

—Señor Cliente, ¿le importaría que le preguntara una última cosa?

—No —respondió el cliente.

—¡Perfecto! —dijo Jim con entusiasmo—. Señor Cliente, ¿cuál será su primer viaje con su Suburban de Bernard Chevrolet?

Después de una ligera pausa, el cliente respondió:

—¡A Kentucky!

Y con una amplia sonrisa en la cara (que indicaba que el cliente y el vendedor acababan de experimentar la «doble ganancia») Jim continuó:

—Bien, bien, señor Cliente. Vuelva aquí. Seguro que podemos llegar a un acuerdo justo.

—Ya estoy yendo, Jim.

En principio, Jim y el cliente estaban a 1,500 dólares de llegar a un trato, pero gracias al entusiasmo, la creatividad, la cortesía, y la persistente aproximación del novato (combinado con su conocimiento del cliente, logrando que el cliente se implicara emocionalmente, y *ofreciendo la venta una vez más*) Jim Borgman logró realizar la venta. Recuerda: un vendedor que esté «verde» venderá más que uno experimentado que esté «de vuelta de todo».

Solicitar la orden cinco veces o más puede ser extremadamente complicado si tú: a) no tienes una confianza profunda en el valor de tu producto o servicio; b) no has realizado el trabajo adecuado en los primeros tres pasos (Análisis de la Necesidad, Mentalización de la Necesidad, y Solución de la Necesidad) en la fórmula de cuatro pasos de la venta; o c) no esperas lograr la venta. Cuando persistas amable y profesionalmente, crearás una situación en la que ganará tanto el vendedor como el cliente.

PEDIR Y RECIBIR

H. F. V. (Hazlo Fácil, Vendedor) ha sido el grito de guerra desde que los habitantes de las cavernas se vendían «palos de fuego» unos a otros. Sí, quizá conozcas bien los más de cien cierres que hay incluidos en mi libro *Grandes secretos de Zig Ziglar para cerrar la venta*, ¿pero los conoces lo suficientemente bien como para utilizarlos rápidamente en el entorno de ventas adecuado?

La clave es esta: no reinventes la rueda. Ve a la escuela de la experiencia de los demás. Céntrate en un puñado de cierres que te funcionen a ti, como el cierre por resumen.

El cierre por resumen puede parecer muy básico, pero no minimices el significado de lo que puede parecer obvio.

En el cierre por resumen, recopilas las áreas de la presentación que hicieron que se le encendieran los ojos a tu cliente —que encendieron la bombilla—, y entonces pides la orden.

Durante el proceso de ventas, los clientes encienden un fuego esperando que tú les proveas de combustible y cerillas. Durante el proceso de ventas, el fuego disminuirá de vez en cuando debido a cierto número de circunstancias o distracciones. Inventariando aquello que causó que el fuego empezara a arder, reavivas la llama en el momento en que pides a los clientes que hagan su inversión. Cuanto más «sentimiento» tengan en ese momento, más ventas cerrarás.

¿Qué ocurre si dicen que no?

Cuando tus clientes dicen que no, muy a menudo la razón es que no «conocen» lo suficiente como para decir sí. El capítulo 11 te ayudará a superar el «no» al situar a los clientes en el «conocimiento».

11

Cerrar más ventas más a menudo

Esto puede sorprenderle a algunos, pero una vez que tus clientes dicen que no, no van a cambiar de idea y comprarte. Los vendedores veteranos te dirán a menudo que la mayoría de sus ventas están hechas después de que los clientes digan que no, y algunas estadísticas dicen que cerca del 60 por ciento de las ventas ocurren después de que el cliente diga que no cinco veces. Sin embargo, me asiento en mi afirmación de que tus clientes no van a «cambiar de idea» y comprarte.

Tus clientes, sin embargo, tomarán una *nueva decisión basada en nueva información*. Verás que, cuando los clientes dicen que no, el vendedor profesional de éxito entiende que el «no» debe significar que los clientes no «saben» lo suficiente como para tomar la decisión del «sí». Nunca discutas con ellos. Tan solo comprende que no has terminado tu trabajo, y acepta la responsabilidad de proveer la información necesaria. Debes ofrecer razones adicionales, características, funciones y beneficios para el cliente para que tome la decisión del «sí» *hoy*. Con información adicional, «sabrán» lo suficiente como para tomar una decisión nueva (y favorable).

CAMBIAR DEL «NO» AL «CONOCER»

Para llevar al cliente del «no» al «conocer», el vendedor profesional de éxito hace preguntas para entender e identificar la objeción. A continuación, el vendedor se identifica con la objeción (es decir, entiende cómo se siente el cliente sin tener los mismos sentimientos). Pero algunos clientes no te *contarán* la auténtica objeción, y algunos no *sabrán* la objeción real. En ambos casos ellos están operando en un nivel «emocional». Con esto en mente, el vendedor ha de examinar la objeción.

POLVO DE GORILA

El vendedor profesional denomina las falsas objeciones como «polvo de gorila». Quizá hayas visto la serie de televisión de la PBS que mostraba los comportamientos y hábitos de los gorilas salvajes. Cuando dos machos se enfrentan en una batalla, montan un gran espectáculo. Dan vueltas alrededor el uno del otro muchas veces y arrastran sus manos por la tierra, alzándolas llenas de polvo y lanzándolo al aire, lo que crea como un remolino de tierra o una pantalla de humo. Esto es el «polvo de gorila», y muchos clientes seguirán a menudo un proceso similar.

Algunos habrán oído hablar del viejo chiste del tipo que se negaba a prestar su cortacésped a su vecino de al lado. Cuando se le presionó para que diese una razón, él replicó:

—Porque hoy todos los aviones despegan tarde.

—¿Qué clase de razón es esa? —le preguntó su indignado vecino.

—Una cualquiera, porque cuando no quieres hacer algo y estás decidido a no hacerlo, cualquier razón es buena —dijo el tipo.

Para el profesional de ventas medio, una razón *no* es tan buena como otra, de modo que para descubrir las objeciones reales querrás examinarlas.

DOS PRUEBAS

Hay dos clases de pruebas que te ayudarán a identificar la diferencia entre el «polvo de gorila» y las objeciones reales. Estas pruebas también ayudan al cliente que realmente no sabe cuál es su objeción pero sabe que no se siente cómodo con la decisión de comprar.

La prueba de la «suposición». La primera prueba es la de la «suposición», que incluye preguntar al cliente para que tome en consideración algunas preguntas hipotéticas:

«Señora Clienta, solo suponga que esa condición ni siquiera existe. ¿Invertiría entonces en mi producto o servicio?».

«Suponga que ________ no era uno de los factores, en ese caso ¿tomaría una decisión afirmativa?».

«Suponga que se siente bien con ________, ¿tomaría entonces una decisión afirmativa?».

«Suponga que ________, ¿tomaría entonces una decisión afirmativa?».

Si puedes identificar la objeción correcta, entonces puedes actuar para enfrentarla u orientarte hacia el siguiente cliente en lugar de perder tiempo eliminando «polvo de gorila» o tratando de cerrar una venta que nunca podrá ser cerrada.

La prueba de «aislar y validar». La segunda prueba es la de «aislar y validar». Este proceso de dos pasos prueba si has descubierto para bien o para mal la objeción real. El primer paso llega cuando preguntas: «¿Hay alguna *otra* razón que le impida beneficiarse de las ventajas de mi oferta de hoy?». Tu objetivo aquí es sacar todas y cada una de las objeciones. Una de las cosas más frustrantes que pueden pasarle a un vendedor es tratar con una objeción de forma competente y profesional y que de repente aparezca otra. Después de que hayas respondido a dos objeciones, necesitas preguntar específicamente sobre la tercera: «¿Es esto lo único que hay entre usted y la propiedad del producto, o hay algo más?». No quieres dar la impresión de que vas a estar todo el día con el cliente hasta que finalmente te aparezca con una objeción a la que no puedes responder.

Una vez que obtengas el «no, esto es lo único» por respuesta, lo resumirás para validarlo. «Entonces, señor Cliente, ¿me está diciendo que si ________ y ________ no fueran problemas, lo compraría hoy?». Cuando tratas con esa objeción final cierras la venta preguntando: «¿Estoy en lo cierto al creer que quiere empezar a disfrutar de los beneficios tan pronto como sea posible?». Este es tu cierre. Escribe el pedido.

OBJECIONES QUE TODOS VEMOS

Las objeciones te dan una perspectiva de los clientes que puede ayudarte a conocer sus necesidades y deseos. Siempre que sea posible, es necesario adelantarse a las objeciones. A través del programa de formación de tu empresa y tu experiencia personal, deberías encontrar no más de una o dos objeciones «nuevas» cada tres meses. Estarán las objeciones «estándar», pero no tantas como para no haber escuchado hablar de ellas. De acuerdo con esto, planea y prevé con cuidado, puedes tener respuestas razonables preparadas de antemano.

Después de todo, las objeciones son parte de la vida de cada profesional de ventas. Nuestra actitud hacia ellas marcan una tremenda en cómo seremos de efectivos en el manejo de las objeciones.

VOLVERÉ LUEGO

Para la famosa objeción «quiero pensarlo más tarde» o «déjame que lo mire en un par de días», Tim Jones, de Campbellsville, Kentucky, ha descubierto una respuesta muy interesante. Después de ir a los clientes con un importante papeleo y muchos datos, hará la pregunta obligada. Si el cliente pide tiempo para «pensarlo bien», Tim sonreirá, se pondrá de pie y dirá: «Bien, iré allá a la esquina y me tomaré un café. Volveré en quince o veinte minutos, así que chicos, adelante, háblenlo». Antes de que el cliente haya tenido tiempo para responder él está de nuevo en la puerta, dejando a un lado el papeleo.

Una vez dentro, Tim reanuda por donde se había quedado, diciendo: «¿Qué modo de pago decidieron que sería mejor para que nosotros les proporcionáramos este ahorro... mensualmente, por cheque, o cuentas anuales?». Muy a menudo, él consigue la venta.

EL PISTOLERO

Algunos vendedores aprender a disfrutar del trato con objeciones quizá en demasía. Dejan que su ego aparezca en escena y en realidad empiezan a querer encarar objeciones solo para demostrar su inteligencia y habilidad. Estos vendedores se comportan como pistoleros, hambrientos de pelea: «Haz tu movimiento, sucio cliente. Para cualquier cosa que preguntes, ¡tengo una respuesta!».

Recuerda, tu objetivo no es probar cuántas objeciones puedes responder sino probar cuánto benefician al cliente tus bienes y servicios. Y la venta no acaba cuando has superado las objeciones y el cliente dice que sí. De hecho, la venta solo acaba de empezar. Finaliza cuando el acuerdo se ha firmado, los bienes han sido servidos, entregados, pagados, y el cliente está satisfecho.

12

Del «servicio» al cliente a la «satisfacción» del cliente

En los días de ventas de «antaño», un vendedor anciano y otro joven estaban tomando el tren de vuelta a casa para el fin de semana y se encontraron sumidos en una conversación seria. El vendedor más joven estaba lamentándose sobre lo mal que había sido tratado durante toda la semana. El negocio iba mal, la gente era grosera, y le habían insultado una y otra vez. El más viejo se quedó pensativo por un momento y entonces observó: «Bien, ¿sabes? Me han golpeado con la puerta en la cara, he sido invitado a marcharme y animado a no regresar, me he metido en líos, he sido maldecido, e incluso me han escupido, pero ¿¡INSULTADO!? ¡Nunca!».

¿Podemos «alcanzar» a clientes infelices?

Todos podemos ser amables, amigables y entusiastas con la gente que nos hace el pedido, que nos trata de una manera agradable y con quienes es fácil intimar. Amigo mío, si eso es todo lo que eres capaz de hacer, recuerda: tu empresa podría contratar a cualquiera para negociar con esa gente (y pagar considerablemente menos de lo que tú eres capaz de ganar). Tu valor para tu empresa viene básicamente de las habilidades que desarrollas en el trato con todo el mundo, incluyendo a aquellos clientes y clientes potenciales contrariados, de una manera efectiva y profesional.

Cuando te encuentras con un individuo grosero, beligerante, e infeliz, ¿reaccionas volviéndote agresivo y beligerante, o recuerdas que tienes el poder de elegir? Puedes elegir responder de modo cortés y amigable, o puedes elegir reaccionar de manera grosera y belicosa.

Seré el primero en admitir que a menudo es más fácil decirlo que hacerlo, pero quédate conmigo porque quiero compartir maneras que te ayudarán a tomar la decisión correcta más a menudo.

Las investigaciones indican que aproximadamente el 90 por ciento de nuestros clientes insatisfechos simplemente nos dejan sin decirnos nada a nosotros. Por desgracia, se lo cuentan a amigos, parientes, vecinos y completos extraños. Pregunta: ¿podemos alcanzar a clientes infelices?

TOMA EL CONTROL FÍSICO...¡DE *TI*!

En lugar de retorcerle el cuello a alguien, que suele ser la primera respuesta de una persona furiosa, relájate, fuérzate a ti mismo a dejar caer tus manos a los lados, y a *escuchar a la persona*... ¡no interrumpas! No puedo exagerar esta parte del negocio con la persona airada.

A pesar de lo enfadado que pueda mostrarse alguien, es difícil *expresar* esa ira a través del discurso o las acciones durante más de dos minutos. Si no me crees, inténtalo. Enójate tanto como quieras y chilla, grita, despotrica, delira, estalla, vocifera, y haz lo que quieras para expresar tu ira, o agravio o irritación. Si escuchas hasta que la ira cesa, habrás esperado a que la persona con la que tratas se quede sin fuerzas. *Cuando interrumpes, permites a la persona recobrar impulso, ¡y los dos minutos empiezan otra vez!*

Encuentra una solución

Cuando el ánimo se calma, tu siguiente estrategia es bajar la voz y articular cada palabra clara y pausadamente. Recuerda, la persona con la que estás tratando está en un estado emocional altamente cargado. Si te relajas físicamente, escuchas a la persona, y entonces respondes en voz baja, articulando cada palabra claramente, puedes guiar al individuo a tu nivel de calma. El mejor modo de permanecer tranquilo es evadirte emocionalmente de la situación. Nada de esto es personal. Y si se vuelve personal, tienes que evadirte físicamente de la situación.

Quizá no estés de acuerdo con esa persona, y no estar de acuerdo es perfectamente admisible... si lo expresas adecuadamente. Empieza el contenido de tu respuesta agradeciendo a la persona si es posible de algún modo. Cuando respondes con calma: «Señor Cliente, quiero agradecerle que haya compartido sus sentimientos honestos conmigo», no te comprometes a ti mismo ni a tu empresa. Tampoco aceptas que la persona airada tenga razón en sus pensamientos y acciones. Has dejado que la persona sepa que vas a manejar el asunto con cortesía.

Continúa garantizando a la persona que vas a ayudar. Si memorizas el siguiente guión, podrás usarlo en la mayoría de situaciones en las que te enfrentes con una persona enfadada.

«Señor Cliente, gracias por compartir sus honestos sentimientos conmigo. Es importante que sepa que realmente quiero ayudarle. Entiendo cómo se siente. Tiene todo el derecho a sentirse así. ¿Tendría la voluntad de trabajar conmigo para encontrar una solución a esta situación tan incómoda?».

Recuerda que cuando buscas una solución al problema (y no a alguien a quien culpar) muy pocos se enfadan e incluso serán menos los que puedan estar de ese modo con un individuo que está intentando con sinceridad solucionar el problema y resolver la situación.

DESPUÉS DE QUE EL CLIENTE SE CALME

¿Qué pasa cuando el cliente o los clientes potenciales se calmen y recopilan sus pensamientos? En este punto tienes una oportunidad para revalorizar tu negocio con ellos. Después de la confrontación y la resolución, si los clientes están completamente equivocados, normalmente se darán cuenta de su error y se sentirán avergonzados. Es importante que vuelvas a ellos en un tono amigable, alegre, optimista, y reiteres cuánto aprecias su franqueza y su disposición a hablar. Diles cuánto valoras sus asuntos.

Este acercamiento solidificará la clientela. Aparte de esto, como ellos han estado equivocados, quizá estén tan avergonzados por su conducta que no continúen haciendo negocios contigo. Es el viejo principio de «ir demasiado lejos» aplicado de nuevo en la vida y en las ventas. Como los entrenadores de ventas han dicho durante muchos años, debes traer el principio del «y mucho más que eso» a la vida.

Cuando has hecho todo lo que se espera de ti como profesional «y mucho más que eso», estás construyéndote una extraordinaria carrera de ventas.

LENGUAJE OFENSIVO

Aquí hay otra presentación de ventas que puedes memorizar o escribir en una tarjeta para usarla en aquellas ocasiones especiales en que alguien empieza a insultar o a maldecir en tu contra:

«Señor Cliente, cuando me habla de ese modo siento que ya no puedo serle de ayuda. Si trabaja conmigo y se centra en el problema, creo que podremos alcanzar una solución. Sin embargo, si continúa con el uso de su lenguaje ofensivo y blasfemo, mi integridad me pide que dé por terminada esta conversación».

Si el abuso continúa, haz lo que has prometido. Si estás tratando con alguien al teléfono, date un tiempo «de respiro» y llama de nuevo. Hay muchas probabilidades de que se sienta avergonzado por su comportamiento y de que sea más fácil trabajar. De hecho, si tu espíritu es el correcto y no muestras enfado o rencor, estás en una posición excelente para hacer la venta o solidificar la cuenta. He aquí el porqué: el cliente cree que te hizo algo *a ti*; así que cree que debería hacer algo *por ti*. Ese «algo» puede incluir una disculpa, una disposición para escuchar, e incluso un deseo de «hacerlo bien» comprando o siguiendo con la cuenta.

CLAVES BÁSICAS

Para tratar certeramente con personas airadas, recuerda la siguiente información.

Nadie puede llegarte «bajo la piel» y tocarte sin permiso, así que:

- Escúchales: deja que la ira estalle
- Sé paciente
- Actúa con tacto
- Identifícate con ellos
- Reconoce su importancia
- Articula tu respuesta lenta, tranquila, y cuidadosamente
- Nunca les concedas permiso para controlarte

UNA LEY DE VIDA «SERVICIAL»

Es ley de vida que si vas a estar en el mundo de las ventas por mucho tiempo, van a haber desacuerdos y quejas. Mira a aquellos clientes disgustados e insatisfechos como oportunidades para crecer en tu carrera y ser un vendedor cada vez más exitoso.

13

Ganar control sobre tu vida y tu tiempo

Disciplínate para hacer las cosas que necesitas cuando necesites hacerlas, y llegará el día en que serás capaz de hacer las cosas que quieres hacer cuando quieras hacerlas.

El tiempo de tu vida

Los expertos estiman que hasta un 80 por ciento del tiempo del vendedor está relacionado con actividades que no generan negocio. Muchos han calculado que se emplean menos de dos horas del día laboral al proceso de ventas. El resto del tiempo se emplea en ir de cliente a cliente, esperar en oficinas, buscar plazas de aparcamiento, preocuparse de detalles administrativos, encargarse de las llamadas y una gran cantidad de otras cosas.

La pregunta que los profesionales de ventas deben hacerse es esta: ¿puedo realizar estas tareas de forma más efectiva (o igualmente efectiva) durante las horas que no estoy vendiendo? Particularmente pienso en responder correspondencia, rellenar informes, solucionar detalles administrativos, obtener informes de plazos, y ocuparse de asuntos personales (ver al dentista, comprar ropa, visitar amigos, pagar facturas, etc.). El vendedor profesional de éxito, que no tiene mucho más tiempo que la media, pasará el doble de horas que un productor medio delante de los clientes. Realizan ventas no por una habilidad excepcional, sino porque han priorizado lo que es importante en aquello que hacen en la vida diaria.

RECETA PARA EL ÉXITO EN VENTAS

Por norma general, el vendedor profesional de alta producción trabaja más duro que el productor medio. La realidad es que solamente superando el resultado de tu competencia te situarás en los escalones más altos de las ventas. No estoy hablando de trabajar ochenta o noventa horas semanales. Una hora extra por día en una actividad de alta rentabilidad te permitirá distanciarte más del pelotón y te sorprenderá en términos de gente ayudada y dólares ganados. Es un equilibrio entre eficiencia y eficacia. «Eficiencia» significa hacerlo bien; «eficacia» es hacer lo correcto.

Uno de los hombres más efectivos y eficaces que conozco es Dave Liniger, el fundador de Re/Max Realtors. Él ha creado una atmósfera que anima a la gente de su alrededor a dar más de su tiempo y de sí mismos.

Dave descubrió que el 47 por ciento de los cien productores primordiales de Re/Max tenían asistentes personales que manejaban algunas de las responsabilidades que no pertenecían a las ventas. Estos «ayudantes» estaban implicados en actividades tales como poner señales de «En venta» y «Vendido» en fincas, hacer llamadas de teléfono rutinarias, enviar correos electrónicos, dejar correo en la estafeta, y llevar la mayoría de detalles que consumen tiempo.

Delegar tareas que no pertenecen a las ventas libera al vendedor profesional para pasar más tiempo con el cliente hablando con ellos, actividades que son más adecuadas para ir por más ventas más a menudo. Incrementar ventas significa un impulso para la economía y las rentas de los asociados de Re/Max. Lo que es más interesante, aunque esos productores principales trabajan más horas cada semana que los demás asociados, es mucho más probable que sean capaces de tomar más vacaciones... a veces hasta cuatro semanas anuales.

La conclusión es clara: cuanto mejor utilices tu tiempo, más ingresos generarás; y cuantos más ingresos generes, más tiempo libre tendrás para tu familia y para hacer esos viajes tan agradables. En resumen, los vendedores de mayor nivel trabajan más inteligentemente, no necesariamente más duro, ¡y utilizan a otros con eficacia y eficiencia para que todo el mundo gane!

Lo que estoy diciendo es que la carrera de ventas se construye antes, durante *y* después de que la venta esté hecha. Como decimos en casa: «Hasta un cerdo ciego encontrará una bellota de vez en cuando». Esto es también cierto para los vendedores ineptos, que por el solo hecho de hacer llamadas acabarán en algún momento con una venta ocasional. Pero puedo garantizarte que no construirán una carrera de ventas gratificante con esa clase de enfoque al azar.

AUTOANÁLISIS

Muchos de los vendedores con los que he hablado están insatisfechos con su productividad. Saben que mucho de lo que hacen y los procedimientos que siguen son muy comunes y probablemente dentro un tiempo no serán efectivos, ni necesarios, y quizá hasta perjudiciales. Esta es la razón de que el «autoanálisis» es tan importante.

El «autoanálisis» es un procedimiento espléndido que documenta tus actividades e implica que te preguntes regularmente algunas cosas: «¿Necesito hacer así esta actividad, o necesito hacerla de otra manera? ¿Puedo incrementar mi productividad total al incrementar mi eficacia? ¿Realmente necesito trabajar así de duro?».

Tabla de actividades. Una de las actividades más significativas en las que he estado involucrado ha sido hacer un gráfico de análisis del tiempo. Admito que cuando oí hablar por primera vez de rastrear mi tiempo me sentí como si me hubieran sentenciado a prisión. La mayoría de nosotros sentimos que no confían en nosotros cuando alguien nos pide un conteo de cada minuto de cada día. Así que, ¿por qué no empezar con ventaja y hacerlo antes de que nos lo pidan?

Cualquier compañía que se dirija hacia el éxito a largo plazo te pedirá que mantengas registros exactos de tu actividad de ventas. Te animo a tener un listado de dos semanas que muestre tu actividad. Afectará espectacularmente a tu vida. Descubrirás (como yo lo hice) apenas se emplean dos horas por día en actividades que producen ingresos. La mayoría del tiempo se emplea en «prepararse» para participar en una actividad que produzca ingresos.

Los mejores estudiantes se sientan y *empiezan* a estudiar. Los mediocres o los peores pierden mucho tiempo *preparándose* para estudiar. Los mejores vendedores hacen su plan y se preparan durante las horas fuera de venta. Cuando llega el momento de la venta, toman el teléfono, el maletín, o las muestras y empiezan a vender. Además, los verdaderos profesionales agarran cada oportunidad (esperada e inesperada) para ¡vender, vender, vender!

Un registro de tiempo no es un factor de limitación sino un factor de liberación. Te ayudará a marcar las actividades que necesitas añadir o eliminar. También señalará los malos hábitos de los que no eres consciente.

EL DISCIPLINADO

Todo el mundo necesita un método, una técnica, o un sistema de contabilidad. Los verdaderos profesionales (en todas y cada una de las actividades) sienten la paz mental que viene de saber que hicieron lo mejor que podían con lo que tenían en un momento dado. Se sienten confiados al saber que están siendo fieles con sus bienes personales. Esto solo se puede conseguir con un sistema que permita a la gente en búsqueda del éxito asumir la responsabilidad de sus metas y objetivos.

El sistema correcto. Necesitas algún sistema de contabilidad. Ziglar Training Systems desarrolló el Calendario de Acción para ayudar a los vendedores a rastrear tareas y resultados mientras se planean objetivos y se administran los detalles a corto y largo plazo para mantener tu vida en equilibrio. Otras compañías (como Daytimers Inc., y Franklin Covey) proveen de calendarios, recursos electrónicos y conceptos que te permiten hacer el mejor uso del tiempo que tienes. Un lápiz y una hoja de papel pueden ser los inicios del desarrollo de tu propio sistema personal de rastreo de actividades. Lo más importante no es qué sistema usas: lo más importante es que tengas un sistema. Cuando los profesionales de ventas dan los pasos necesarios para ser más organizados y disciplinados, se dirigen hacia la máxima utilización del tiempo y el esfuerzo, ¡lo que les libera en todas las áreas de la vida!

Ventas 101: Motivación real

Ventas 101 fue escrito para motivarte a ser un persuasor profesional. Espero que te haya mostrado lo que ya sabías, que te haya proporcionado nueva información, y te haya inspirado para combinar todo esto para que tengas más y mejores ideas para enriquecer tu carrera. Si este libro te ha sido útil, lee *Zig Ziglar Ventas* para una exploración más a fondo de esas ideas y *Grandes secretos de Zig Ziglar para cerrar la venta* para esos cientos de cierres específicos.

Ahora, si empiezas a utilizar la habilidad que ya posees para aplicar esos principios fundamentales, entonces realmente *¡nos veremos en la cima!*

Otros libros por Zig Ziglar

Más allá de la cumbre
(Nashville: Grupo Nelson, 1995)

Algo por qué sonreír
(Nashville: Grupo Nelson, 1998)

Algo más por qué sonreír
(Nashville: Grupo Nelson, 1999)

Zig Ziglar Ventas: El manual definitivo para el vendedor profesional
(Nashville: Grupo Nelson, 2011)